WESTEND

PER MOLANDER

DIE ANATOMIE DER UNGLEICHHEIT

Woher sie kommt und wie wir sie beherrschen können

aus dem Schwedischen von
Jörg Scherzer

WESTEND

Die Übersetzung dieses Buches wurde in Zusammenarbeit und mit finanzieller Unterstützung der Swedish Arts Council realisiert. Wir danken für die Unterstützung.

Die schwedische Originalausgabe ist 2014 unter dem Titel »Ojämlikhetens anatomi« erschienen.

Mehr über unsere Autoren und Bücher:
www.westendverlag.de

Die Deutsche Nationalbibliothek verzeichnet diese Publikation in der Deutschen Nationalbibliografie; detaillierte bibliografische Daten sind im Internet über http://dnb.d-nb.de abrufbar.

FSC
www.fsc.org
MIX
Papier aus verantwortungsvollen Quellen
FSC® C083411

ISBN 978-3-86489-184-7

Umschlaggestaltung: Buchgut, Berlin
Satz: Publikations Atelier, Dreieich
Druck und Bindung: CPI – Clausen & Bosse, Leck
Printed in Germany

Inhalt

Zu erleben, wie ihre Rechte den Aktiven zum
Opfer fallen, ist das übliche Schicksal der Passiven,
Gott hat dem Menschen die Freiheit unter der Bedingung
ständiger Wachsamkeit geschenkt.[1]

John Philpot Curran,
irischer Jurist und Politiker, 1790

1 Die Ungleichheit und ihr Schatten

Die Ungleichheit hat den Menschen vom Beginn seiner Existenz an begleitet. Überall hat sie Spuren hinterlassen, die von Archäologen freigelegt und erforscht wurden.

Eine sumerische Hymne aus Nippur, in Keilschrift geschrieben und 1951 übersetzt, preist die Göttin Nansche:

»Sie, welche die Waise kennt, welche die Witwe kennt,
die Unterdrückung des Menschen durch den Menschen kennt,
Mutter der Waise ist.
Nansche, welche für die Witwe sorgt,
die Gerechtigkeit für die Ärmsten verlangt.
Die Königin nimmt den Flüchtling in ihren Schoß,
Gibt dem Schwachen Schutz.«[1]

Das Fragment ist viertausend Jahre alt und damit eines der ältesten uns bekannten Dokumente. Es berichtet von Unterdrückung und von Waisen und Witwen, die die Gruppen der Unterdrückten repräsentieren. Auch ein verhaltener Zorn angesichts des Stands der Dinge lässt sich erkennen – der Text hat einen moralischen Resonanzboden. Vollkommen einzigartig ist er jedoch nicht. Der folgende Text auf einer Stele, die zu Beginn des zweiten Jahrtausends vor unserer Zeitrechnung errichtet wurde, preist dieselben Tugenden:

Ich war mildtätig und freigebig
Ein lobenswerter hoher Beamter

Ich war ein Freund der Kleinen,
Milde zu den Mittellosen

Ich sorgte für die Hungrigen ohne Besitz
Freigebig gegenüber den Armen[2]

Ein weiteres Zeugnis für Ungleichheit und für die ethische Norm, sie auszugleichen.

Im Verlauf der Geschichte blieb die Situation lange unverändert. Erst zu Beginn des 20. Jahrhunderts haben wir begonnen, uns einem Ideal angemessener Gleichheit anzunähern – allgemeines Wahlrecht, prinzipielle Gleichheit vor dem Gesetz, Achtung vor der Integrität des Individuums und grundsätzliche materielle Sicherheit – wenn auch nur in einigen Teilen der Welt, und selbst in der westlichen Welt mit gelegentlichen Rückfällen in den Despotismus. In allen wesentlichen Punkten ist die Geschichte der Menschheit eine Geschichte der Ungleichheit.

Eine solche Unveränderlichkeit im Zeitverlauf verlangt nach einer Erklärung. Nicht nur die Ungleichheit an sich, sondern auch die Normen der Gleichheit, die ihr wie ein Schatten gefolgt sind, verdienen eine Untersuchung. Wer immer die oben zitierten Zeugnisse niederschrieb, er reagierte offenbar auf die Verhältnisse und hatte eine Vision von einer anderen Gesellschaft.

Politische Philosophie beschäftigt sich mit der Frage, was man unter einer guten Gesellschaft versteht. Im Wesentlichen gibt es drei Arten des Philosophierens. Die eine setzt – relativ bequem – beim Status quo an und diskutiert die Frage, wie man am besten und vorzugsweise mit marginalen Veränderungen von der aktuellen Situation ausgeht. Vertreter dieser philosophischen Methode sind Machiavelli und Hume.

Eine zweite Tradition, wie Platons *Politeia* oder die *Manusmriti,* der Entwurf einer indischen Kastengesellschaft, erstellt die Skizze einer Gesellschaft, ohne Argumente für oder gegen unterschiedliche Möglichkeiten. Hierbei handelt es sich nicht um politische Philosophie im eigentlichen Sinn, da man der Frage aus dem Weg geht, wie die empfohlene Lösung Legitimität erlangen solle und sich mit dem Verweis auf historisch Dunkles und Mystisches begnügt. Aus neuerer Zeit sind Beispiele hierfür die *Utopia* des Thomas Morus, Tommaso Campanellas *Der Sonnenstaat* und die Visionen von Robert Owen und den utopischen Sozialisten. Ein gemeinsamer Zug dieser Entwürfe, bei deren Lektüre man sich mitunter eines Lächelns nicht erwehren kann, ist der Detailreichtum. Nicht nur Regeln und Vorschriften für alle Lebenslagen gehören zu diesem Paket, sondern auch Ausführungen zur Städteplanung.

Eine dritte, ursprünglichere philosophische Tradition versucht, Rechte und Freiheiten zu bestimmen, um auf dieser Grundlage eine legitime Basis der politischen Macht zu definieren. Eine der wichtigsten Traditionen versteht den Bau der Gesellschaft als *Sozialvertrag,* dem zufolge eine Gruppe von Individuen einen Teil ihrer naturgegebenen Freiheit aufgeben, um zugleich der Früchte einer sozialen Gemeinschaft teilhaftig zu werden. Hier beschäftigt sich die philosophische Erörterung mit den Vertragsbedingungen.

Eine tatsächliche historische Situation wird mit diesem Denkmodell natürlich nicht beschrieben, selbst wenn man dem mitunter recht nahekam. Der Vorzug liegt vielmehr darin, dass historische Hinterlassenschaften und andere Zufälligkeiten außer Acht gelassen werden. Der Ausgangspunkt der Überlegungen ist ein egalitärer Zustand; eine Garantie für ein egalitäres Ergebnis gibt es jedoch keineswegs. Intellektuell ist dieser Ansatz ansprechend; Vertragstheorien wurden in gleichbleibender Häufigkeit von der klassischen bis in die moderne Zeit publiziert. Erste Ansätze finden sich bei griechischen Philosophen, bei Epikureern, Zynikern und Stoikern, Versuche, die von Lukrez im 1. Jahrhundert vor unserer Zeitrechnung in seinem Werk *Von der Natur der Dinge* systematisiert wurden. Im Mittelalter wurde die Idee innerhalb eines christlichen Rahmens von Manegold von Lautenbach und Nikolaus von Kues aufgegriffen. Marsilius von Padua ist so kühn, den Vertrag auf nichtreligiöser Grundlage zu diskutieren, und war damit seiner Zeit weit voraus. Noch im 17. Jahrhundert schrieben Hugo Grotius und Thomas Hobbes innerhalb eines religiösen Rahmens, obwohl deutlich zu erkennen ist, dass keiner von ihnen Gott als Hypothese benötigte. Rousseaus Analyse des Sozialkontraktes kündigte die Französische Revolution an.

Hobbes und Rousseau provozierten liberale Antworten, die zum klassischen Liberalismus überleiteten. Wer in dieser Tradition schrieb – Mandeville, Smith, Mill und andere – bediente sich nicht der Terminologie von Sozialkontrakten. Späte Autoren wie von Hayek haben gar ihren Widerwillen gegen die ganze Idee geäußert. Gleichwohl kreisen die Arbeiten dieser Autorengruppe häufig um eine Art Idealverfassung – ein populäres Werk von Hayeks trägt den Titel *The Constitution of Liberty (1960, dt. 1991, Die Verfassung der Freiheit)* – der Ansatz in der Sache ist also vorhanden, auch wenn er nicht erwähnt wird.

Obwohl die Idee von einem Sozialkontrakt vor allem unter dem Druck konservativer und rechtsliberaler Kritik ein wenig von ihrer Attraktion eingebüßt hat, wurde sie in den 1970er-Jahren mit John Rawls *Eine Theorie der Gerechtigkeit* neu belebt, und als Robert Nozick einige Jahre später mit *Anarchie-Staat-Utopia* zum Gegenangriff überging, bediente auch er sich der

Kontraktterminologie, mochte der Kontrakt selbstverständlich auch einen anderen Inhalt haben.[3] Der Sozialkontrakt als Denkfigur hat uns seit zweitausend Jahren begleitet und offenbar wird das auch noch weiter der Fall sein.

Recht bemerkenswert ist, dass auffallend viele politisch-philosophische Arbeiten offensichtlich ohne jeden Kontakt zu den Sozialwissenschaften entstanden sind. Will man diskutieren, wie menschliche Beziehungen im politischen Bereich geregelt werden sollten, sei es in der Form eines Sozialkontrakts oder einer idealen Verfassung, sollte das Wissen darum, wie Menschen in unterschiedlichen Situationen reagieren, selbstverständlich zu den Grundlagen gehören. Da Politik sich größtenteils mit der Verteilung sowohl der materiellen wie der nichtmateriellen Ressourcen einer Gesellschaft beschäftigt und da die ungleiche Verteilung dieser Ressourcen bei einem Überblick über die Geschichte der Menschheit dominiert, ist der angemessene Ausgangspunkt eine Analyse der Mechanismen der Ungleichheit. Die dominierende Frage lautet: Warum sind alle Gesellschaften ungleich? – und die natürliche Anschlussfrage: Kann Ungleichheit politisch beeinflusst werden? Wenn die Ungleichheit ein durchgehender Zug in praktisch allen Gesellschaften ist, sollte man womöglich darauf verzichten, dies zu beeinflussen – ein Gedanke, der regelmäßig von konservativer Seite vorgetragen wurde und wird. Jedoch handelt es sich hier um eine voreilige Schlussfolgerung. Selbst wenn man die Ungleichheit nicht beseitigen kann, lässt sie sich nach Grad und Struktur womöglich jedoch beeinflussen und auf diese Weise innerhalb natürlicher Grenzen halten.

Die dritte Frage lautet, wie die klassischen ideologischen Hauptentwürfe – der Liberalismus, der Konservatismus, der Sozialismus – sich als Phänomene zur Ungleichheit verhalten. Schließlich sollen die Ideologien als eine Art Landkarte dienen, mit deren Hilfe wir uns auf dem Terrain der Politik orientieren. Ist die Ungleichheit ein fundamentales Problem der Politik, besitzt eine kritische Überprüfung, wie sie innerhalb jener ideologischen Hauptentwürfe beschrieben und bearbeitet wird, zentrale Bedeutung für deren Geltungsanspruch.

2 Murmeln spielen

Die landläufige Erklärung für die andauernde Ungleichheit lautet, dass Menschen hinsichtlich ihrer Fähigkeiten und ihrer Arbeitsleistungen verschieden sind. Jedoch genügt dies auch nicht annähernd zur Erklärung der Einkommens- und Besitzunterschiede, die wir heute konstatieren. Die britische Entwicklungshilfeorganisation Oxfam hat errechnet, dass die 85 reichsten Menschen der Welt ebenso viel besitzen wie die ärmere Hälfte der Erdbevölkerung, gut 3,5 Milliarden.[1] Dieses Missverhältnis – mit einem Faktor zwischen 10 und 100 Millionen – mit Unterschieden in Produktivität und Arbeitsleistung erklären zu wollen ist physisch unsinnig. Der Tag besteht für uns alle schließlich nur aus 24 Stunden, und zum ärmeren Teil der Menschheit gehören recht viele gut Ausgebildete in Ländern mit mittleren Einkommensverhältnissen.

Eine weitere Erklärung lautet, die Unterschiede würden durch Gewalt hervorgerufen und aufrechterhalten. Gewiss waren viele Zusammenstöße zwischen unterschiedlichen Gesellschaften von Gewalt, und in einigen Fällen von hemmungsloser Gewalt gekennzeichnet. Jedoch bestehen in der Regel bereits vor der Auseinandersetzung Ungleichheiten zwischen den beiden Konfliktparteien. Abgesehen davon ist Gewalt eine kostspielige Methode zur Aufrechterhaltung sozialer Strukturen.

Betrachtet man die Geschichte der Menschheit in ihrer Gesamtheit, sind Zeitabschnitte aktiver Gewaltausübung trotz allem relativ kurz. Androhung von Gewalt kann mitunter recht weit gehen, dann aber hat man es bereits mit einem anderen Typ von Regime zu tun.

Wie wir im folgenden Kapitel sehen werden, waren ältere Gesellschaften in der Geschichte der Menschheit von größerer Gleichheit geprägt, selbst wenn sie nicht den idealen Urzustand der sozialen Kontrakttheorien erreichen. Zur Erklärung, warum Ungleichheit im Zeitverlauf wächst und sich verstärkt, bedarf es eines geeigneten Mechanismus.

Wir spielten mit Murmeln auf dem Markt eines Tags
ein kleiner Volksschulbub und ich.

Ich hatte wohl fünfzig, er hatte fünf.
Wir spielten. Und er verlor alle an mich.

Er schluchzte auf und sah mir nach,
als ich überlegen pfeifend abzog.

Doch es tat mir leid, als ich nach Hause kam,
und ich dachte, da hast du was Hässliches gemacht.

Ich rannte zurück. Aber nirgends
konnte mir einer sagen, wo dieser Junge war.

Ich schämte mich. Ich glaube, ich schäme mich noch,
wenn ich welche sehe, die mit Murmeln spielen.

Und was würde ich geben, ich weiß nicht was,
um diesen Jungen froh zu sehen.

Aber heute ist er bestimmt ein großer, grober Kerl,
der schuftet und ackert – ich weiß nicht wo.

Und wüsste ich es, was würde es helfen.
Was man Häßliches getan hat, kann man niemals ändern.

Man kann keine Murmeln zurückgeben
und Jungen trösten, die zu Männern erstarrt sind.

Sten Selander, *Murmelspiel*[2]

Fast jeder von uns hat in der Kindheit vermutlich eine Situation erlebt, wie sie in Selanders Gedicht beschrieben wird, entweder in der Rolle des Icherzählers dieses Gedichts oder in der des unterlegenen Volksschülers: Man fühlt sich wieder in jenen Augenblick versetzt und erinnert sich an das Siegesgefühl oder an die Bitterkeit des Verlustes. Selbst wenn der Sieger das unbefriedigende Gefühl hat, dass hier vor allem das Glück entschieden hatte, klingt das rasch ab. Für den Verlierer ist es eine Lektion in der Fähigkeit, die Enttäuschungen des heranrückenden Lebens des Erwachsenen bewältigen zu können.

Wir wollen von den Gefühlen der mit Murmeln spielenden Jungen absehen und die Frage stellen: Hat der richtige Spieler gewonnen? Selbstverständlich. Weil er gewonnen hat, muss es sich bei ihm um den Geschickteren der beiden handeln. Jedoch gibt es hier ein Problem, da die Voraussetzungen bei Spielbeginn nicht gleich waren: »Ich hatte wohl fünfzig, er hatte fünf«. Wie die meisten anderen Tätigkeiten, denen wir uns im Leben widmen, ist das Murmelspiel von einem Moment des Zufalls geprägt. Wenn zwei gleich gute Spieler aufeinandertreffen und der eine fünfzig Murmeln hat und der andere fünf, wer hat dann die größte Gewinnchance? Die Regel lautet, dass das Spiel beendet ist, wenn einer von beiden keine Murmeln mehr hat.

Die Frage ist einfach, die Analyse komplizierter – sie erfordert ein mathematisches Hilfsmittel, das man als Markow-Ketten bezeichnet – trotzdem kann man die Antwort auf einfache Weise formulieren. Hat der eine zehnmal so viele Murmeln wie der andere, ist die Wahrscheinlichkeit, dass er gewinnt, auch zehnmal so hoch, falls sie gleich geschickt sind. Das bedeutet, dass er durchschnittlich in mehr als neun von zehn Fällen gewinnen wird. Mit Geschicklichkeit hat das nichts zu tun: Der mit den meisten Murmeln bei Spielbeginn wird mit großer Wahrscheinlichkeit einfach deshalb gewinnen, weil er die meisten Murmeln hat.[3]

Hier handelt es sich um ein Beispiel für einen sich selbst verstärkenden Effekt, vor denen es im Leben wimmelt. Man kann sich unschwer vorstellen, wie der gut Gestellte bei einem Rundgang durch die Stadt seinen Murmelbestand ständig vergrößert. Falls er nicht das Pech hat, auf einen zu treffen, der hundert Murmeln besitzt, während er selbst nur sechzig oder siebzig sammeln konnte.

Man kann das Problem auch umkehren und die Frage stellen, um wie viel geschickter der Ärmere sein muss, damit er eine ebenso große Gewinnchance hat wie derjenige, der reichlich Murmeln besitzt. Die Antwort lautet, dass er um ungefähr 15 Prozent geschickter sein muss.

Das Beispiel mit den Murmelspielern enthält in all seiner Schlichtheit Elemente einer Erklärung, wie selbst in einer Gesellschaft, in der Fähigkeiten, Fleiß und äußere materielle Voraussetzungen gleichmäßig verteilt sind, Ungleichheit entstehen kann. Kleine Abweichungen von der perfekten Gleichheit werden sich im Zeitverlauf verstärken. Wird Eigentum vererbt, wird auch die Ungleichheit in der Generationenabfolge verstärkt.

In der Murmelspiel-Szene sind nur zwei Personen betroffen, die Situation lässt sich aber auf eine moderne Marktwirtschaft übertragen, in der hinsichtlich Fähigkeiten und Bemühung identische Individuen leben. Angenommen, das Spielfeld ist der Finanzmarkt, auf dem die Spieler den von ihnen nicht konsumierten Überschuss reinvestieren. Ebenso wie beim Spiel mit Murmeln enthält der Gewinn auf den Finanzmärkten einen Zufallsfaktor. Bei gleichen Voraussetzungen werden sich die gesellschaftlichen Aktiva im Zeitverlauf zwangsläufig auf sehr wenige Individuen konzentrieren.

Man kann das Murmelspiel auch zum Ausgangspunkt einer politischen Diskussion machen und fragen, ob das Spiel nach gerade diesen Regeln ablaufen muss. Die Antwort lautet natürlich Nein! Man könnte das Spiel etwa so beschränken, dass man sich lediglich mit fünf Murmeln beteiligen darf, falls der Ärmere nicht mehr besitzt. In diesem Fall hätte er, bei gleichen Voraussetzungen und Fähigkeiten, die gleiche Gewinnchance. Außerdem könnte man vereinbaren, dass es bei dem Spiel lediglich um die Entwicklung der Spielfähigkeit gehen solle und dass bei Spielende jeder die gleiche Zahl von Murmeln wie bei Spielbeginn besitzen soll. Die Zahl der Möglichkeiten ist groß.

Man mag einwenden, dass der mit den meisten Murmeln vielleicht tatsächlich geschickter ist und dass er deshalb die meisten Murmeln besitzt. Es wäre anzunehmen, dass dieser Einwand vor allem von denen kommt, die viele Murmeln besitzen. Auch wenn das in manchen Situationen zutreffen mag, zeigt bereits eine rasche Betrachtung der tatsächlich vorkommenden Ungleichheiten, dass das als alleinige Erklärung völlig unzureichend ist. Auch in der wirklichen Welt stehen weder historische noch aktuelle Unterschiede in Einkünften und Vermögen im angemessenen Verhältnis zu Unterschieden in Fertigkeit oder Arbeitsleistung. Ein weiterer Aspekt ist, dass die soziale Interaktion, die entscheidet, wer was bekommt, in gewisser Hinsicht Eigenschaften begünstigt, die wir aus prinzipiellen Gründen nicht fördern wollen – zum Beispiel Rücksichtslosigkeit, Aggressivität, Verlogenheit und anderes Unerwünschte.

Dass Erfolg in Konkurrenzsituationen nicht immer von Eigenschaften oder Verhaltensmustern abhängt, die wir mit Erfolg verbinden möchten, ist eine Einsicht, der sich viele zu entziehen suchen. Nicht selten hört man in der öffentlichen Gesellschaftsdebatte Argumente, die eine auffällige Ähnlichkeit mit der Vorstellung des Doktor Pangloss in Voltaires *Candide oder der Optimismus* aufweisen, wir lebten in der besten aller denkbaren Welten.[4] Was sich auf einem Markt befindet, muss demnach einem guten Zweck dienen, andernfalls wäre es dort nicht vorhanden. Aus allgemeiner Sicht betrachtet, ist das tatsächliche Geschehen jedoch nicht immer das Beste, noch nicht einmal in einem Umfeld, in dem ethische Aspekte des Handelns außer Acht gelassen werden. Der Wirtschaftswissenschaftler Martin Shubik stellte einmal die Frage: »Überleben stets die am besten Geeigneten?«[5] und verneinte sie mit einem Beispiel: Treffen zwei Gangster in einem Duell aufeinander, wird derjenige, der besser schießen kann, das Duell höchstwahrscheinlich auch gewinnen. Erweitert man die Zahl jedoch auf drei Männer, muss dies nicht mehr zutreffen. Treffen drei Männer in einem Duell jeder gegen jeden aufeinander und zwei von ihnen verfügen über eine höhere Treffsicherheit als der dritte, ist es die beste Strategie für diese beiden, einander zu bekämpfen, und der Dritte – der am wenigsten Geschickte – hat die besten Überlebenschancen.

Selbst in der Tier- und Pflanzenwelt, dem Bereich, aus dem die meisten Beispiele des Doktor Pangloss stammen, trifft es nicht unbedingt zu, dass das, was geschieht, irgendeinem allgemeinen Nutzen dient oder Ausdruck dessen ist, von dem wir annehmen, dass es letztlich entscheidend ist – zum Beispiel die Fähigkeit, Nahrung zu finden, Schnelligkeit, Kraft und Ähnliches. Letztlich wird die sexuelle Reproduktion von einer Vielzahl unerwarteter Elemente bestimmt. Ein Verhaltensmuster, das Shubiks Beispiel von den Duellanten recht nahe kommt, ist etwa das von den *sneaky fuckers*, das von dem englischen Ökologen John Maynard Smith stammt – untergebene Männchen, die sich mit einem weiblichen Tier paaren, während gleichzeitig zwei größere und stärkere männliche Tiere in einen Kampf um eben dieses Weibchen verwickelt sind.

Tatsächlich werden bei manchen Arten die Weibchen von einer kleinen Anzahl Männchen gedeckt, deren Dominanz bei der Paarung in keinerlei Verhältnis zu ihrer Kraft steht. In einer Kolonie von See-Elefanten haben im Verlauf einer Saison weniger als ein Drittel der männlichen Tiere die Gelegenheit zur Paarung und viele Männchen hinterlassen im Verlauf ihres Lebens keine oder fast keine Nachkommen, weil sie sterben, bevor sie geschlechtsreif werden oder von Konkurrenten aus dem Feld geschlagen werden.[6] Mehr noch als Kraft zählt also Aggressivität im Paarungsverhalten – ein Umstand, der nicht unbedingt die Herde oder die Art begünstigt und ganz sicher auch nicht jene Männchen, die niemals eine Möglichkeit zur Reproduktion bekommen werden.

Zu betrügen oder zu lügen sind andere Verhaltensmuster, die in Natur und Gesellschaft erfolgreich sein können. Harmlose Arten behelfen sich mitunter, indem sie gefährlichere Arten imitieren, was man in der Biologie als *Mimikry* bezeichnet. In menschlichen Gesellschaften sind Lüge und Betrug permanente Bedrohungen der wechselseitigen Beziehung von Individuen, trotz umfangreicher Gegenmaßnahmen wie Beglaubigungen, Zeugnisse und Echtheitszertifikate, Beispiele gibt es viele.

Verhandeln ist notwendig

Das Leben besteht nicht nur aus Murmelspielen, Schießduellen und Sex. Für jedes Zusammenwirken von Menschen ist Austausch in unterschiedlichen Formen grundlegend und ein zentrales Element des sozialen Zusammenspiels ist die *Verhandlung*. Einige Denker sehen in diesem Austausch eine soziale Entsprechung zu chemischen Bindungen – grundlegende Beziehungen, auf denen komplexere soziale Strukturen aufbauen.[7] Der Soziologe Émile Durkheim sah im Austausch die Basis gesellschaftlicher Demokratie.

Zwischen Eltern und Kindern gibt es einen Austausch, der ebenso alt ist, wie der Mensch als Art. Kinder lernen gehen, sprechen, ihren Stuhlgang zu kontrollieren und mithilfe der Eltern in Gruppen zu leben. Werden die Kinder älter, machen sie Bekanntschaft mit der Arbeitsteilung – zwischen Jüngeren und Älteren, zwischen Frauen und Männern und so weiter. Jede Form der Arbeitsteilung erfordert offene oder stillschweigende Verhandlungen. Tut der eine etwas und der andere tut etwas anderes, muss man auf irgendeine Art festlegen, wie viel man angemessen von jedem verlangen kann. Zu allen Zeiten haben Eltern während der Jugendjahre für ihre Kinder gesorgt, von den Kindern erwartete man im Gegenzug, dass sie sich um die Eltern kümmern, wenn sie zu alt geworden sind, um das selbst zu tun. Wie viel können die Eltern verlangen? Auf ähnliche Weise haben Frauen und Männer in den meisten Gesellschaften Tätigkeiten unter sich aufgeteilt, wenn auch diese Verteilung in unterschiedlichen Gesellschaften sehr verschieden ausgeprägt ist. Welche Verteilung kann als angemessen gelten? Zur Beantwortung von Fragen dieser Art sind Verhandlungen erforderlich.

Im Alltag benutzen wir das Wort Verhandlung in Situationen, in denen ausdrücklich über Preise, Löhne und andere Bedingungen diskutiert wird. In einer typischen Situation kommen Verkäufer und potenzieller Käufer auf dem klassischen Marktplatz oder zum Beispiel in einem Antiquitätenladen zusammen. Der Verkäufer versucht, seinen Kunden davon zu überzeugen, dass er ohne die betreffende Ware nicht leben kann, und der potenzielle Käufer spielt den hinreichend Uninteressierten, um den Preis zu drücken. Auch in der Politik sind solche Verhandlungssituationen üblich, beispielsweise wenn Regierungen gebildet oder internationale Handelsabkommen abgeschlossen werden sollen.[8]

Der Tourist, der in einem fremden Land auf einem Basar feilscht, mag sich über den Vorgang amüsieren[9], und politische Verhandlungen können für die Meinungsbildung Symbolwert besitzen. In den meisten Fällen erlebt man den Aufwand von Zeit und Energie, den man in einer Verhandlung aufbringen muss, aber als Belastung. Verkäufer und Käufer mögen nach Faustregeln vorgehen, mit deren Hilfe sie schließlich zu einem Ergebnis kommen – der Preis im vorangegangenen Monat, die Preise auf einem anderen Markt in der Nähe, eventuell ergänzt um die Information über gewisse Veränderungen in der Umgebung. Ohne solche Informationen fällt das Ergebnis meist so aus, dass jeder Partner nur den halben Weg geht und man sich in der Mitte trifft.

Auf vielen modernen Märkten ist die Verhandlung völlig verschwunden. Niemand verhandelt mit dem Lebensmittelhändler über den Preis für einen Laib Brot; entweder man akzeptiert den Preis und tätigt den Kauf oder man verzichtet darauf und geht in einen anderen Laden. Innerhalb der Familie sind Eltern und Kinder häufig unterschiedlicher Meinung, wie Verantwortung und Pflichten aufgeteilt werden sollen, jedoch kommt es nicht zu Verhandlungen, da beiden Seiten das zu erwartende Ergebnis ungefähr bekannt ist. Im Arbeitsleben gibt es zahlreiche Beispiele für die Verteilung von Aufgaben ohne längere Diskussionen, auch wenn die betroffenen Mitarbeiter insgeheim andere Vorstellungen von dieser Verteilung haben mögen.

Auch wenn offene Verhandlungen heute von vielen Märkten verschwunden sind, trifft das nicht auf alle zu. Man spricht vom Immobilienmarkt, die Preise für einzelne Objekte auf diesem Markt werden häufig erst nach langwierigen Verhandlungen zwischen Verkäufer und Käufer festgelegt. Sogar der Preis für in Massenproduktion hergestellte Waren wie Autos ist häufig Verhandlungssache, vor allem dann, wenn der Verkäufer auf unverkauften Exemplaren des vorigen Jahresmodells sitzt und der Zeitpunkt der Präsentation des neuesten Modells näher rückt. Wie interessant offene Verhandlungen sind, hängt selbstverständlich davon ab, welche Werte auf dem Spiel stehen und wie groß der Aufwand von Zeit und Mühe für die eigentliche Verhandlung ist.

Unabhängig davon, wie viele offene Verhandlungen es noch gibt, muss man sich darüber im Klaren sein, dass das Tauschverhältnis, gleichgültig ob es sich um den Preis für eine Ware oder die Verantwortungsbereiche in einer Familie handelt, das dahinterstehende Kräfteverhältnis widerspiegelt. Dass der formale Prozess nicht sichtbar ist, bedeutet nicht, dass ein völliger Ausgleich der Interessen vorliegt.

Eine lange Geschichte

Adam Smith leitet das zweite Kapitel von *Wohlstand der Nationen* (1776) mit der folgenden Betrachtung über Arbeitsverteilung und Verhandlungen ein:

»Diese Teilung der Arbeit, aus der so viele Vorteile gezogen werden, ist ursprünglich nicht das Werk menschlicher Weisheit, welche die allgemeine Wohlhabenheit, zu der es führt, vorhergesehen und bezweckt hätte. Sie ist die notwendige, obwohl sehr langsame und allmähliche Folge eines gewissen Hanges der menschlichen Natur, der keinen so ausgebreiteten Nutzen erstrebt: des Hanges zu tauschen, sich gegenseitig auszuhelfen und ein Ding gegen ein anderes zu verhandeln.«[10]

Man kann Smith zustimmen, dass sich der Ursprung von Verhandlungen in einer unbekannten Vorgeschichte verliert. Dennoch erscheint es angebracht, Verhandlungen als notwendige Konsequenz der Arbeitsteilung zu verstehen statt umgekehrt. Der Tauschhandel hat den Menschen so lange begleitet, wie unsere archäologischen Zeugnisse zurückreichen – Metallwerkzeuge gegen Pelze, Lebensmittel gegen Schmuck und so weiter. Mit der Landwirtschaft und der sozialen Schichtung, die sie mit sich brachte, kam es zu neuen, asymmetrischen Verhandlungssituationen – zwischen Landbesitzern und Landarbeitern, zwischen Landbesitzern und Pächtern und nach und nach zwischen Häuptlingen mit stärker oder schwächer bewaffneten Kräften.

Verhandlungen waren nicht auf den Austausch von Waren und Dienstleistungen beschränkt.[11] Ehen wurden typischerweise nach umfassenden Verhandlungen geschlossen, die entweder den Brautkauf oder die Mitgift betrafen. Die Anthropologie hat untersucht, welche Formen bei unterschiedlichen Voraussetzungen dominierten. Brautkäufe überwogen in kleinen, von Männern dominierten Gesellschaften mit Vielehe.

Geschenke sind eine weitere Form des Austauschs, die das Interesse vieler Anthropologen gefunden haben[12] – von Marcel Mauss, Bronislaw Malinowski und anderen. Mauss leitet seine klassische Monografie *Die Gabe* mit der Feststellung ein, dass Geschenke in vielen Gesellschaften nur in der Theorie freiwillig sind und in der Realität als Pflichten erfolgen und erwidert werden. Er merkt außerdem an, dass es zu Austausch, Vereinbarungen und Verpflichtungen eher unter Gruppen als unter Individuen kommt. Kein Geschenk zu überreichen, wenn ein solches erwartet wurde, eine Einladung zu unterlassen oder abzulehnen war in den Gesellschaften des Südpazifik, die Mauss studierte, gleichbedeutend mit einer Kriegserklärung. Geschenke und Einladungen dienten also dem Zweck, die Gesellschaft zusammenzuhalten und Konflikten vorzubauen.

Der *Kula*-Ring ist ein hoch entwickeltes Tauschsystem auf den Trobriand-Inseln in Melanesien, die Malinowski erforschte. Es war aufgebaut auf zwei Tauscheinheiten, Armreifen und Halsketten, die in zwei Umläufen zirkulierten, im Uhrzeigersinn und gegen den Uhrzeigersinn. Der Austausch beruhte auf Gegenseitigkeit und es war wichtig, dass Geschenke und Gegengeschenke denselben Wert besaßen. Außerdem mussten die Gegengeschenke mit einer gewissen Verzögerung überreicht werden, sodass es zu einem Forderungssystem kam, das zur Stärkung des sozialen Zusammenhalts beitrug. Jedem Tausch ging eine Verhandlung voraus.

Moderne Geschenk-Systeme wie Weihnachtsgeschenke im christlichen Teil der Welt oder Diwali-Geschenke in der indischen Gesellschaft, Rituale wie Konfirmation, Eheschließung und Geburtstagsfeiern haben mit den prämodernen Institutionen viele Gemeinsamkeiten. Auch wenn die formellen Restriktionen in vielen Fällen aufgegeben wurden, existiert eine allgemeine Kenntnis der dahinterstehenden Regeln und ein Verstoß gegen solche Regeln führt zu Misstrauen oder sogar zu Konflikten.

Verhandlungen haben den Menschen also so lange begleitet, wie es ihn als Art gibt. Durkheim, Mauss und anderen klassischen Denkern ist zuzustimmen, wenn sie im sozialen Austausch ein fundamentales Bindemittel der Gesellschaftsstrukturen sahen. Die Verhandlungen waren nicht beschränkt auf die wirtschaftliche Sphäre, wie man sie in modernen Gesellschaften kennt, sie kommen vielmehr in allen Lebensbereichen vor und haben sich in älterer Form in Bereichen erhalten, die von Kräften des Marktes noch relativ unberührt sind. Mehr oder weniger stillschweigende, selbstverständliche Verhandlungen machen die Lebenskraft der wirtschaftlichen Sphäre aus, wobei die Kräfte des Marktes in die feinsten Kapillargefäße eingedrungen sind. Verhandlungen definieren auch die Arbeitsbedingungen im politischen Bereich. Will man die Mechanismen verstehen, die auf unterschiedlichen Bereichen zur Ursache von Ungleichheit werden, ist man gezwungen, die Dynamik von Verhandlungen offenzulegen. Zunächst ist jedoch ein historischer und globaler Überblick über die Topografie der Ungleichheit erforderlich.

3 Die Archäologie der Ungleichheit

Will man zu einer historischen Perspektive auf die Ungleichheit gelangen, sind eine Karte des Geländes und am besten auch ein entsprechender Maßstab erforderlich. Die Verteilung menschlicher Ressourcen kann auf zahlreichen Gebieten höchst unterschiedlich sein – nach Einkommen, Vermögen, intellektuellen Fähigkeiten, sozialem Status, sexuellen Privilegien – und es ist keineswegs selbstverständlich, dass eine hervorgehobene Position auf einem Bereich mit derselben hohen Position auf einem anderen einhergeht.

Um zu einer einigermaßen präzisen Beschreibung gelangen zu können, fasst man die Verteilung von Ressourcen gern in einem einzigen Maßstab zusammen. Soziologen, Ökonomen und Statistiker haben lange an der Entwicklung solcher Maßstäbe gearbeitet und man ist heute zu einer gewissen Übereinstimmung gelangt, welche Maßstäbe die geeignetsten sind. Welche Maßstäbe sich schließlich am besten anwenden lassen, ist abhängig von den Problemen, auf die man sich konzentriert. Strebt man etwa eine allgemeine Beschreibung der Ungleichheit im Zeitverlauf an, wird man anders vorgehen müssen als bei einer Bemessung der Situation von Menschen am unteren Ende beziehungsweise am oberen Ende der Skala zu einem bestimmten Zeitpunkt.

Historische Beschreibungen von Ungleichheit unterscheiden sich in Präzision und Qualität. Jene Verzweigung am Baum der Entwicklung, die sich nach und nach zum modernen Menschen entwickelte, begann sich von seinen nächsten Verwandten unter den Primaten vor ungefähr sechs Millionen Jahren abzuspalten und für den größten Teil der folgenden Geschichte sind die archäologischen Zeugnisse spärlich. Wir sehen uns genötigt, zu Rekonstruktionen und zu ungefähren Indikatoren zu greifen. Der Schwerpunkt der archäologischen Zeugnisse liegt auf Gebäuden und Gegenständen aus Stein und Metall, auf typischen Statusindikatoren somit, die mit größerer Wahrscheinlichkeit erhalten bleiben als aus vergänglicheren Materialien hergestellte Gegenstände.

Auch für den Hauptteil des historisch gesicherten Zeitraums ist man auf ungenaue Schätzungen und qualifizierte Vermutungen angewiesen. Die Verteilung der Hausgrößen lässt sich mithilfe von Ausgrabungen rekonstruieren, und für manche Gebiete und Zeitabschnitte existieren Angaben über Durchschnittslöhne, die nach Getreidemengen bemessen sind, im Großen und Ganzen bleibt das Bild jedoch dunkel. Erst mit der Einführung von Steuerlisten und Volkszählungen für die Verwaltung der Nationalstaaten wird eine exaktere Beschreibung der Verteilung von Einkünften und Besitz möglich.

Jedoch soll unterstrichen werden, dass noch heute, wo wir aus entwickelten Industrieländern über recht detaillierte Daten verfügen, Ungleichheit eine Eigenschaft in statistischen Übersichten ist[1]. Sobald man die Verteilung auf eine einzelne Zahl wie einen Gini-Koeffizienten oder eine statistische Standardabweichung verdichtet, geht Information verloren. Die Ungleichheit kann sehr wohl verändert werden, ohne dass sich dies in solchen Zahlen widerspiegelt. Jede kurz gefasste Aussage über die Verteilung führt damit zwangsläufig zu einer Vereinfachung.

Hinzu kommt, dass man unter Verteilung nicht nur Einkommen und Vermögen versteht.[2] Andere grundlegende Aspekte von Wohlfahrt sind die Bewegungsfreiheit, die Gleichheit vor dem Gesetz und der Zugang zu grundlegenden Dienstleistungen wie Ausbildung und Krankenpflege und jede einigermaßen vollständige Beschreibung einer Verteilung von Wohlfahrt sollte auch solche Dimensionen umfassen. Liegen solche statistischen Angaben indes vor, wie das in Industriestaaten häufig der Fall ist, stellt sich die Frage, wie die unterschiedlichen Dimensionen zu einem einzigen Maßstab zusammengeführt werden können. Die Antwort ist selbstverständlich von einer subjektiven Bewertung abhängig.

Das in modernen Untersuchungen am häufigsten eingesetzte Maß ist der Gini-Koeffizient oder Gini-Index, der Anfang des 20. Jahrhunderts von dem italienischen Soziologen Corrado Gini entwickelt wurde. Am einfachsten lässt sich der Gini-Index als ein Maß für die Differenz zwischen einer vorliegenden Verteilung von Einkommen und Vermögen und einer völlig gleichen Verteilung beschreiben. Eine andere Darstellungsform ist, dass der Gini-Index bei einer Einkommensverteilung mit einem feststehenden durchschnittlichen Einkommen ein Maß für den zu erwartenden Einkommensunterschied zweier zufällig ausgewählter Individuen darstellt.

Der Gini-Koeffizient ist eine Zahl zwischen 0 und 1, er beträgt 0, wenn die Einkommensverteilung völlig gleich ist, und 1, wenn das gesamte Einkommen oder Vermögen auf eine einzige Person konzentriert ist. Innerhalb des OECD-Gebietes variiert der Koeffizient typischerweise zwischen 0,2 und 0,4. Sehr viel höhere Ziffern gibt es in Ländern wie Brasilien oder Namibia (im Intervall zwischen 0,6 – 0,7 oder höher).

Wichtig ist, dass es sich beim Gini-Koeffizienten um eine Zahl handelt, hinter der sich eine recht ungleiche Verteilung verbergen kann. Gemessen werden können Individuen oder private Haushalte. Der Grund für die Messung von Haushalten ist, dass es innerhalb des Haushaltes zu einer Umverteilung kommt, die die Konsummöglichkeiten nivelliert. Gleichzeitig existieren in vielen Kulturkreisen innerhalb desselben Haushaltes große Unterschiede zwischen Männern und Frauen, was die Verwendung des Haushaltes als Einheit zweifelhaft erscheinen lässt.

Auch wenn es üblich ist, einen Schwerpunkt auf die Einkommensverteilung zu legen, erscheint die Verteilung des Vermögens in mancher Hinsicht wichtiger. Vermögen ist meist ungleicher verteilt als Einkommen, was sich damit erklärt, dass jemand mit höherem Einkommen einen geringeren Teil des Einkommens verbrauchen muss. Die ungleiche Verteilung von Vermögen hängt davon ab, was man bei seiner Berechnung einschließt. Bezieht man beispielsweise die Wohnung mit ein, ist die Verteilung gleichmäßiger. Viele Menschen verstehen eine Investition in den Immobilienbesitz jedoch nicht als eine mit Aktienbesitz oder einem Bankguthaben vergleichbare Maßnahme der Vermögensbildung.

Unsere nächsten Verwandten

Wie die Geschichte des 20. Jahrhunderts mit trauriger Deutlichkeit zeigt, wurde die Biologie immer wieder von Philosophie und Politik benutzt und missbraucht. Dennoch können Ergebnisse aus der Erforschung des Verhaltens der Primaten, wenn auch mit gewissen Einschränkungen, zu einer Erweiterung der Perspektive beitragen.

Selbstverständlich kann man sich fragen, ob die Literatur über das Verhalten von Affen für eine Diskussion über Gleichheit überhaupt Relevanz besitzt.[3] Was auf Schimpansen oder

Gorillas zutrifft, muss nicht notwendigerweise auch auf Menschen zutreffen. Allerdings hat sich etwa gezeigt, dass Modelle der Spieltheorie für Kooperation und Konflikt auf völlig unterschiedliche Bereiche des Tierreiches tatsächlich zutreffen. Denn wenn man von oberflächlichen Unterschieden absieht, ist die grundlegende Struktur von Entscheidungssituationen im täglichen Leben identisch.

Außerdem wurde die uralte, religiös vermittelte Vorstellung vom Menschen als einzigartigem Wesen in den letzten Jahrzehnten zunehmend infrage gestellt. Schon seit Langem widerlegt ist der Gedanke, nur der Mensch nutze Werkzeuge, und auch die Präzisierung, der Mensch zeichne sich dadurch aus, dass er Werkzeuge herstelle, gilt nicht mehr, seit geklärt ist, dass auch Schimpansen dies ohne jedes Training im Naturzustand tun. Bezüglich der Sprache hat sich gezeigt, dass Affen die Fähigkeit zur Kommunikation mittels einfacher Symbolsprachen besitzen, auch wenn die Meinungen über ihre syntaktischen Fertigkeiten auseinandergehen. Schimpansen besitzen ein Identitätsgefühl und erkennen sich selbst in einem Spiegel oder in Filmaufzeichnungen wieder. Sie verfügen nicht nur über ein Ich-Gefühl, sondern auch über ein Gefühl für den Anderen, und mittlerweile herrscht Einigkeit darüber, dass höher entwickelte Affen über Begriffe und Denkfähigkeiten verfügen und sich die mentale Perspektive anderer vorstellen können. Affen sind auch in der Lage zu planen, sie können sich in der Zukunft liegende Dinge und Angelegenheiten vorstellen und sich für eine Handlungsweise entscheiden, die nicht von kurzfristigem Nutzen bestimmt ist. Ob man dies als Rationalität bezeichnen will oder nicht, ist eine Frage der Definition.

Lange wurde in der Ethnologie über den relativen Wert von Studien über Affen in Gefangenschaft im Vergleich zu frei lebenden Affen diskutiert. Studien über Affen in zoologischen

Gärten bergen das Risiko in sich, dass die beobachteten Verhaltensmuster von der künstlichen Umgebung beeinflusst wurden, andererseits ermöglichen sie eingehendere Beobachtungen von Handlungsketten und ursächlichen Zusammenhängen als Studien in einem natürlichen Milieu. Frans de Waal hat darauf hingewiesen, dass das Verhalten, das er und seine Kollegen an Affen in Gefangenschaft beobachtet haben – insgesamt mehr als hundert Verhaltensweisen –, auch in der Natur beobachtet werden kann. Begrenzter Lebensraum ist die Ursache von aggressivem Verhalten, solange jedoch die Fläche, die den Tieren zur Verfügung steht, ausreichend groß ist, kann man sicher sein, dass es sich beim Beobachteten um natürliche Verhaltensmuster handelt.

Unstreitig gibt es unter Schimpansen Ungleichheit, und sie ist komplex. Im Unterschied zu Haushühnern, unter denen eine einfache Hackordnung herrscht,[4] neigen Schimpansen zu einem Leben in Netzwerken. Der Anführer ist immer ein Männchen und normalerweise ein starkes Männchen, jedoch nicht unbedingt der physisch Stärkste. Schimpansen besitzen eine gewisse Fähigkeit, sich hierarchisch zu organisieren, um Gewalt in größerem Umfang effektiv ausüben zu können. Bisweilen gehen sie gemeinsam auf die Jagd. Bei Auseinandersetzungen mit anderen Affen-Gruppen kann es vorkommen, dass dominierende Männchen andere Männchen zwingen, sich am Kampf zu beteiligen. In anderen Gruppenbeziehungen sind dem, was ein einzelner Affe mit Kraft erreichen kann, jedoch Grenzen gesetzt. Männchen sind im Durchschnitt stärker als Weibchen, zwei Weibchen sind normalerweise jedoch stärker als ein Männchen.

Die Konsequenz hieraus ist, dass der Anführer zur Sicherung seiner Macht auf Bündnisse angewiesen ist. Normalerweise wird der Anführer von anderen, für den Moment schwächeren

Männchen unterstützt. Will er seine Machtposition aber nicht einbüßen, kann er die Wünsche von Weibchen und Jungen nicht ignorieren. Die Unterstützung durch andere Männchen trägt den Keim des Verrats in sich, falls diese die Ambition haben, selbst Anführer zu werden. Darum muss der Anführer zu den klassischen Techniken greifen, wie sie auch aus dem Bereich der menschlichen Politik bekannt sind – zur Bildung neuer Bündnisse, zu Manipulation, zum Prinzip »teile und herrsche«.

Der Anführer lebt unter permanentem Stress, da seine dominierende Position ständig bestätigt werden muss. Hat er seine Stellung erreicht, ohne den Erwartungen zu entsprechen, muss er versuchen anderen glauben zu machen, er hätte sie verdient, indem er blufft, Radau macht und so weiter. Der Anführer muss unaufhörlich sicherstellen, dass man seine Position nicht anzweifelt, und andere Gruppenmitglieder entsprechen diesem Wunsch durch symbolische Unterwerfungsbezeugungen und andere ritualisierte Verhaltensmuster. Im Grunde ist die herrschende Machtstruktur jedoch immer verletzlich, da sie innerhalb kürzester Zeit durch Veränderungen im Bündnismuster unterminiert werden kann.

Handlungen, die zur Stärkung der Stellung des Anführers beitragen, bestehen in der Verteilung von Ressourcen und dem Lösen von Konflikten. Gelangt eine Gruppe plötzlich in Besitz von etwas Wertvollem, wie etwa einer Staude Bananen, wird der Anführer das unverzüglich monopolisieren, um es dann innerhalb der Gruppe zu verteilen und dadurch Respekt für seine Großzügigkeit zu ernten. Wenn bei der Futtersuche allerdings größere gemeinsame Anstrengungen als in der natürlichen Umgebung notwendig werden, sind derartige Machtdemonstrationen nicht möglich. Die Folge ist in der Regel eine gleichmäßigere Machtverteilung innerhalb der Gruppe. Alle Gruppen werden gelegentlich von Konflikten betroffen. In solchen Situationen besteht die Aufgabe des Anführers darin, eine Verschärfung des Konflikts zu verhindern und ihn, falls die Möglichkeit besteht, zu lösen. Die Konfliktlösung ist jedoch kein Privileg des Anführers; häufig erfüllen Gruppen von Weibchen die Rolle von Vermittlern und wurden sogar bei der Entwaffnung aggressiver Männchen beobachtet.

Zwischen Macht und Sexualität existiert eine relativ starke Korrelation. Eine starke soziale Machtposition sichert sexuelle Privilegien und der Anführer verteidigt diese Privilegien eifersüchtig gegen andere Männchen. Dennoch besitzen die Weibchen eine gewisse Handlungsfreiheit, eine Machtposition führt nicht automatisch zu Popularität bei den Weibchen. Tatsächlich ist es sehr schwer für ein Männchen, ein Weibchen daran zu hindern, sich gegen seinen Willen zu paaren.

Ganz allgemein gesehen sind soziale Position und Einfluss in der Gruppe nicht dasselbe. In den kleinen Gesellschaften, in denen Schimpansen leben, spielt auch die Persönlichkeit eine Rolle. Die Fähigkeit, gute Beziehungen zu den Weibchen etablieren zu können, scheint ein wichtiger Faktor für den Einfluss in der Gruppe insgesamt zu sein.

Viele Jahre lang wurde in der Verhaltensforschung die Frage diskutiert, ob es sich beim Streben nach Macht unter den Primaten um einen inhärenten Trieb handelt oder ob Macht lediglich als Instrument zum Erreichen materieller oder sozialer Ziele zu verstehen ist.[5] Abraham Maslow prägte in den 1930er-Jahren den Begriff *Dominanztrieb,* gegen den viele Ethnologen allerdings Einwände anmeldeten. Heute sind führende Wissenschaftler wie Frans de Waal und Jane Goodall davon überzeugt, dass Schimpansen mitunter materielle Opfer erbringen, um zu Macht zu gelangen. Hobbes' Annahme in der Einführung zum *Leviathan* scheint treffend zu sein:

»Zuvörderst wird also angenommen: daß alle Menschen ihr ganzes Leben hindurch beständig und unausgesetzt eine Art der Macht nach der anderen sich zu verschaffen bemüht sind; nicht darum, weil sie nach einer immer größeren Macht als die ist, welche sie schon besitzen, streben, oder sich an einer mäßigen nicht genügen können, sondern weil sie ihre gegenwärtigen Macht- und Glückseligkeitsmittel zu verlieren fürchten, wenn sie dieselben nicht noch vermehren.«[6]

Jäger, Sammler und Bauern

Jede Rekonstruktion prähistorischer Jäger- und Sammler-Gesellschaften leidet unter der Schwierigkeit, dass die archäologischen Zeugnisse spärlich sind und dass keine schriftlichen Quellen zur Verfügung stehen.[7] Üblicherweise zog man Schlüsse aus modernen anthropologischen Studien, die meist aus dem 20. Jahrhundert stammen, unter der Annahme, dass die untersuchten Gesellschaften ihren prähistorischen Vorgängern gleichen. Eine Annahme, die jedoch problematisch ist, da jene Gesellschaften ihre eigene Geschichte haben und es unwahrscheinlich ist, dass ihr Leben vor tausend und mehr Jahren das gleiche wie heute gewesen ist. Man sollte vielmehr davon ausgehen, dass die Geschichte in diesen Gesellschaften tiefere Spuren hinterlassen hat als bei unseren nächsten Verwandten, den Primaten. Trotzdem ist die Annahme plausibel, dass ähnliche Probleme zu ähnlichen Lösungen führen und moderne Jäger- und Sammlergesellschaften als ersten Näherungswert anzuwenden. Mit ein wenig Kühnheit kann man also Entwicklungslinien zurück (zu den Primaten) und nach vorn (zu den historischen Gesellschaften) ziehen, um einen generellen Verlauf der Entwicklung des Menschen insgesamt zu beschreiben.

Jäger- und Sammlergesellschaften wurden traditionell als Modelle verstanden. Klassische Anthropologen wie Edward Evans-Pritchard, Marshall Sahlins und Elman Service haben diese Gesellschaften als relativ wohlhabend, friedlich und egalitär beschrieben. In späteren Jahren wurde dieses optimistische Bild modifiziert. Frühe Beschreibungen wiesen eine Tendenz zur Überbetonung der Zusammenarbeit und das Fehlen von Rangordnung und Führerschaft auf, während gleichzeitig das Aggressionsniveau unterschätzt wurde. Dennoch trifft vermutlich die Generalisierung zu, dass in diesen Gesellschaften Männer stärker auf Kooperation ausgerichtet, die Statusunterschiede noch wenig ausgeprägt und die Entscheidungsfindung kollektiver erfolgte als in den uns bekannten Primatengesellschaften und in ortsfesten Gesellschaften.

Der Übergang von Nomadengesellschaften zu sesshaften Bauerngesellschaften vollzog sich nicht in einem einzigen Schritt. Techniken zur Lagerung von Nahrungsmitteln entwickelten sich über einen langen Zeitabschnitt, mobile Behausungen wurden durch zeitweise Behausungen ersetzt. Parallel zu dieser Entwicklung gibt es Indikatoren für zunehmende Unterschiede in Prestige und Macht. Studien aus unterschiedlichen Teilen der Welt lassen in der späten Altsteinzeit, im Paläolithikum und in der Mittelsteinzeit – das heißt vor einigen Zehntausenden von Jahren – zunehmende soziale Unterschiede erkennen, die Spuren in Form von durch bestimmte Individuen kontrollierte Lagergebäude, von Wertgegenständen und so weiter hinterließen. Olga Soffer hat von Anpassungen der Jäger- und Sammlerkultur der zentralrussischen Ebene in der Zeit zwischen 18 000 und 10 000 vor unserer Zeitrechnung berichtet.[8] Es handelte sich, kurz gesagt, um eine Überlebenswirtschaft, die auf Lagerung ausgerichtet war. Gesellschaften wie diese besaßen nicht die Beweglichkeit klassischer Nomadengesellschaften. Verringerte Mobilität reduzierte zwar die Aktionsfreiheit des Einzelnen, steigerte dafür aber die Möglichkeiten zur Kontrolle der Arbeit und anderer knapper Ressourcen. Bereits für den ersten Teil dieses Zeitabschnitts gibt es Anzeichen einer Stärkung von Hierarchien, was sich in Unterschieden in den Hausgrößen und den Bestattungsritualen ausdrückt. Lagerhäuser für Knochen, Stoßzähne und Proviant dienten nicht nur der Lagerung, sondern auch als Instrumente der Machtausübung. Im zweiten Teil dieses Zeitabschnitts verstärkten sich in dieser Region die Tendenzen zur Hierarchisierung. Monumentalarchitektur (zumindest relativ betrachtet) und exotische Luxuswaren sind Anzeichen für eine verstärkte soziale Schichtung.

Unter einer gleichartigen Perspektive analysiert Per Lekberg eine große Zahl von Steinäxten aus der jüngeren Steinzeit (2350 bis 1700 Jahre vor unserer Zeitrechnung) in Mittelschweden, um Schlüsse auf die Wohlstandsverteilung und die Sozialstruktur ziehen zu können.[9] Die Äxte wurden nach Länge, dem Grad der Fragmentierung und Abnutzung kategorisiert und danach geordnet, ob es sich beim Rohmaterial um ein Fundstück handelte oder ob es aus einem Steinbruch gewonnen wurde. Aus diesen Faktoren ergab sich der Wert der Axt für den Besitzer. Typischerweise sind die Äxte im Lauf der Zeit irgendwann in der Nähe des Schaftlochs geborsten und wurden dann als Rohmaterial für eine neue, kleinere Axt verwendet. Auf diese Weise durchlief das ursprüngliche Rohmaterial eine Reihe von Stadien allmählicher Verkürzung, bis es schließlich keinen Gebrauchswert mehr besaß und als Grabbeigabe für den Besitzer verwendet wurde.

Die Äxte wurden in Gräbern, Siedlungen und Resten von Lagergebäuden aufgefunden. Ihre unterschiedlichen Eigenschaften variieren nicht zufällig, sondern erklären sich aus den Fundorten, was die Rekonstruktion einer sozialen Landschaft ermöglicht. Die wertvollsten Äxte wurden in reichen Gebieten aufgefunden, die sich durch höhere Bevölkerungsdichte und größere Wohnungen auszeichnen. Funde aus dem zweiten Teil dieses Zeitabschnitts belegen, dass sich der Wohlstand konzentrierte. Lekberg verbindet seine Deutung mit der sozialen Schichtung, die sich zur gleichen Zeit in anderen Teilen Europas entwickelte, und beschreibt die Steinäxte und das Milieu, in dem sie benutzt wurden, als eine Art sozialen Dialektes innerhalb der Kultursprache der europäischen Bronzezeit.

Landwirtschaft setzt Ansässigkeit voraus, sesshafte Lebensformen aber entwickelten sich unabhängig von der Landwirtschaft.[10] Sesshaftigkeit ermöglicht das Anhäufen und die Übertragung von Reichtum zwischen den Generationen, weshalb zu erwarten ist, dass sie zu größerer Ungleichheit führt. In einer amerikanischen Vergleichsstudie wurde die Effektivität der Übertragung zwischen den Generationen für eine Reihe unterschiedlicher Ressourcen wie Wissen, materielle Ressourcen und Vernetzung gemessen. Für Jäger- und Sammlergesellschaften konnte man niedrige bis mittlere Gini-Koeffizienten zwischen 0,2 und 0,5 für alle drei Ressourcen feststellen,[11] was sich damit erklärt, dass die Übertragung zwischen Generationen mäßig, aber gleichzeitig ausreichend genug ist, um die Lebenschancen des Individuums zu beeinflussen. Auch in diesen Gesellschaften spielte es also eine Rolle, wen man als Eltern hatte.

Bei den *Gesellschaften mit Gartenbau* (Hortikulturisten) handelte es sich um Gesellschaften mit einer rudimentären Produktion von landwirtschaftlichem Saatgut ergänzt durch Fischerei, Jagd und andere Formen der Nahrungssuche.[12] Hohe Mobilität, begrenzte Lagerung und kleine Gemeinschaften sind Faktoren, die innerhalb dieser Gesellschaften zu relativ egalitären Verhältnissen führten. Dennoch ist der Gini-Koeffizient bisweilen recht hoch, insbesondere aufgrund einer niedrigen Übertragung zwischen den Generationen. Der Schluss hieraus lautet, dass nicht die landwirtschaftliche Aktivität an sich zu gesteigerter Ungleichheit führt, sondern vielmehr die Kontrolle und Monopolisierung von Schlüsselressourcen, wie etwa Know-how und materielle Ressourcen, zum Beispiel Wasser oder Rohstoffe.

In *Gesellschaften mit Viehzucht* ist die Übertragung von Ressourcen zwischen den Generationen größer, insbesondere bezüglich der materiellen Ressourcen.[13] Dies findet seine Erklärung anhand mehrerer Faktoren: Vorteile des Großbetriebs innerhalb der Viehzucht, Geschenke und Erbschaften innerhalb der Familie und die Nutzung von Netzwerken im Zusammenhang mit Eheschließungen, Unglücksfällen und anderen wichtigen Ereignissen. Netzwerke sind besonders wichtig, wenn eine Gesellschaft von Trockenheit betroffen ist; beispielsweise verfügt eine wohlhabende Familie über erheblich größere Möglichkeiten zur Aufnahme von Anleihen, um eine solche Periode zu überstehen. Dennoch liegt der Gini-Koeffizient solcher Gesellschaften typischerweise zwischen 0,4 und 0,5 und kann sich in extremen Fällen 0,7 nähern: In einer vergleichenden Studie über fast 200 historische Gesellschaften mit Viehzucht zeigte sich, dass Sklaverei relativ üblich war.[14]

Die Domestizierung von Tieren, Weidewirtschaft und Anbau von Saatgut, Vorbereitung des Bodens, Säen, Ernten und Lagerung von Getreide eingeschlossen, waren die großen Schritte zu einer *bäuerlichen Gesellschaft*. Häufig wurde diskutiert, was diese Entwicklung vorantrieb, denn sie kam mit einer höheren Frequenz ansteckender Krankheiten, einem kürzeren Durchschnittsalter und zunehmenden sozialen Konflikten einher. Vermutlich sind sowohl innere wie äußere Faktoren (wie zum

Beispiel das Klima) hierfür verantwortlich, doch die relative Bedeutung der unterschiedlichen Faktoren beim Übergang zur Landwirtschaft variiert. Ein wichtiger innerer Faktor war das Streben führender gesellschaftlicher Schichten nach einer Konzentration der Macht.

Nach Einführung der Landwirtschaft wurde die Gesellschaft allmählich komplexer und differenzierter. Die Arbeitsteilung entwickelte sich weiter und neue Berufsgruppen, wie die der Kaufleute, Handwerker und Verwaltungsfachleute entstanden. Auch die Landwirtschaft trug indirekt zur Stärkung von Hierarchien bei, indem sie den Bedarf an einer koordinierten militärischen Verteidigung vergrößerte. Kriege waren bereits in Jäger- und Sammlerkulturen nicht unbekannt[15] – wie beispielsweise eine zehntausend Jahre alte australische Höhlenzeichnung zeigt – und eine konzentrierte Besiedlung mit eingelagerten Nahrungsmitteln und Vieh stellte für Nomadenvölker in der Umgebung selbstverständlich ein attraktives Ziel für Überfälle dar. Organisierte Verteidigung gegen solche Überfälle inklusive der Errichtung von Befestigungen begünstigten das Entstehen sowohl zentralisierter sozialer Strukturen wie auch eine größere Arbeitsteilung und vor allem von Spezialkräften für den bewaffneten Kampf.[16] Militärkräfte können, wenn sie einmal vor Ort sind, auch gegen die eigene Bevölkerung, die sie schützen sollen, eingesetzt werden. Damit wurde die empfindliche Machtbalance unterminiert, die auf einer relativ gleichen Verteilung der Fähigkeit zur Machtausübung beruhte.

Städte in moderner Bedeutung entstanden zuerst im Vorderen Orient, die bekanntesten Beispiel sind Jericho und Çatal Höyük. Die Urbanisierung begünstigte die eingeleiteten Prozesse der Arbeitsteilung, der sozialen Kontrolle und der Schichtung.

Ebenso intensiv wie der Ursprung der Landwirtschaft wurde die Entstehung von Staatsbildungen diskutiert. Wie die Landwirtschaft entstanden Staaten voneinander unabhängig überall auf der Welt. Im Mittelmeergebiet und in Ägypten im dritten Jahrtausend vor unserer Zeitrechnung, im Tal des Indus und in China im folgenden Jahrtausend und in Mittel- und Südamerika ein weiteres Jahrtausend später. Weder ein einzelner Faktor oder eine Kombination von Faktoren vermag hierfür eine ausreichende Erklärung zu liefern, jedoch gibt es eine Reihe von gemeinsamen Elementen: die Arbeitsteilung, die Kontrolle von Schlüsselressourcen und eine effektive Ausübung von Gewalt.

Mit der Intensivierung der Landwirtschaft kam es zu einem Überschuss, der manche Individuen von einer Bestellung des Bodens befreite. Dies begünstigte die Entwicklung spezialisierter Berufsgruppen: qualifizierte Handwerker, Bürokraten und Priester. Staaten setzen Arbeitsteilung voraus, und die klassische Dreiteilung Pflug, Schwert und Buch steht für die Hauptkategorien.[17]

Vom deutschen Soziologen Karl Wittfogel stammt die Hypothese, die Entstehung des Despotismus sei durch den Bedarf an hoch entwickelten Bewässerungssystemen entstanden. Jüngere Untersuchungen der von Wittfogel zugrunde gelegten Beispiele haben an seinen Theorien als generelles Erklärungsmodell Zweifel angemeldet. Dennoch lässt sich nicht leugnen, dass jemand, der eine so elementare Ressource wie Wasser kontrolliert, über ein kraftvolles Mittel der Machtausübung über andere verfügt.[18]

Die frühen Staatsbildungen zeigen einige der extremsten Beispiele für Ungleichheit, die die Geschichte kennt. Ein Regent, der meist mit einem gewissen Erfolg Anspruch auf einen göttlichen Status erhob, wurde in seiner Machtausübung über die große Masse von Bauern inklusive ihres Haushalts und über besitzlose Landarbeiter, von einer Priesterschaft, einer Zentralbürokratie und einer Armee unterstützt. Die einzigen Begrenzungen der Konzentration von Macht und Ressourcen bestand im Interesse der Machthaber, die landwirtschaftlichen Produzenten am Leben zu erhalten. Zu Konzessionen in Bezug auf die Machtausübung kam es nicht zuletzt in entlegenen Teilen der Herrschaftsgebiete, da die Transport- und Kommunikationsmittel noch nicht entwickelt waren.

Unter Verwendung derselben Messmethoden, die man für Jäger- und Sammlergesellschaften und für Übergangsgesellschaften benutzte, konnte man feststellen, dass der Gini-Koeffizient der ersten Staaten innerhalb eines breiten Spektrums von 0,2 bis 0,7 variierte.[19] Materielle Ressourcen waren nun die wichtigste Komponente des Wohlstandes insgesamt und die Übertragung zwischen den Generationen spielte eine signifikante Rolle.[20]

Insgesamt bestätigt sich also das Bild einer Verstärkung der Ungleichheit auf dem Weg des Menschen von einfachen Jäger- und Sammlergesellschaften zu entwickelten Staaten. Ein wesentlicher Teil der Erklärung findet sich in der graduellen Stärkung der materiellen Komponente und in der Tatsache, dass dieses Element am leichtesten von einer Generation zur nächsten übertragen werden kann. Jedoch ist diese Entwicklung von vielen Verwerfungen und Unterbrechungen begleitet, was auch auf den weiteren historischen Verlauf zutrifft.

Frühe historische und klassische Zeit

Frühe Staatsgründungen glichen modernen Staaten insofern, als sie auf Verwaltung, Administration und Handel angewiesen waren, die zur Entwicklung der Schreibkunst beitrugen: Im zweiten und dritten Jahrtausend vor unserer Zeitrechnung in Mesopotamien der Keilschrift, in Ägypten der Hieroglyphen, des indischen Alphabets im Tal des Indus, später der hethitischen Hieroglyphen, des ägäischen Linear B-Alphabets und der chinesischen Schriftzeichen im folgenden Jahrtausend. Noch später kamen ein griechisches und ein brahmanisches Alphabet und zentralamerikanische Schriftzeichen hinzu. Manche der Systeme entstanden unabhängig voneinander, während andere von außen inspiriert wurden.

Bei den meisten der frühen Texte handelt es sich um recht alltägliche Niederschriften administrativer Fakten oder wirtschaftlicher Transaktionen. Für lange Zeit blieb die Schreib- und Lesekunst eine der bürokratischen Elite vorbehaltene Geheimwissenschaft, die vor allem zur Verstärkung der bereits bestehenden gesellschaftlichen Ungleichheit beitrug. Wie aber die sumerischen und ägyptischen Zitate im ersten Kapitel zeigen, entwickelte sich nach und nach auch eine Literatur im modernen Sinn, die den führenden Schichten widersprechende Normen vertrat. Selbstverständlich blieb der politische Effekt dieser Literatur begrenzt.

Durch die Geschichtsschreibung, die sich in Griechenland und in Rom entwickelt hatte, verfügen wir für diese Gesellschaften über bessere Kenntnisse als für die vorangegangenen.[21] Dennoch ist es schwierig, ein konkretes Bild der Lebensverhältnisse und der Verteilung des Wohlstandes zu erstellen. Nach einer Schätzung besaßen in Athen die reichsten acht bis neun Prozent der Bevölkerung 30 bis 35 Prozent des Bodens. Auch nach modernen Maßstäben gilt dies als recht gleichmäßige Verteilung. Eine andere interessante Schätzung gibt an, dass zwischen fünf und zehn Prozent der Athener Bevölkerung lese- und schreibkundig waren, was eine vergleichsweise hohe Zahl ist.

Aber auch das Bild des demokratischen Athens hat seine Schattenseiten.[22] Sklaverei war verbreitet, und ebenso wie Frauen und Einwanderer waren Sklaven vom politischen Leben ausgeschlossen. Bei einem Teil der Sklaven handelte es sich um Kriegsgefangene, andere waren Athener, die in Leibeigenschaft geraten waren, weil sie ihre Pacht nicht begleichen konnten. Wenn der Boden völlig verpfändet war, blieb als einzige Sicherheit der eigene Körper, was in Sklaverei vor Ort oder, im schlimmsten Fall, Sklaverei im Ausland endete.

Im Athen des 6. Jahrhunderts wurde mit den Reformen Solons einer der ersten größeren Versuche einer materiellen Umverteilung unternommen, was als Anzeichen einer stark ungleichen Verteilung des Wohlstandes zu werten ist.[23] Solons Programm zur Abschreibung von Schulden bestand in der Entfernung der Horoi, der Pfeiler oder Landmarken, die zu erkennen gaben, dass ein bestimmtes Landstück von jemandem genutzt wurde, der bei den großen Landbesitzern in Schuld stand. Hinzu kamen die Freigabe derjenigen, die in Folge von Verschuldung versklavt worden waren, und schließlich ein Verbot, den eigenen Körper als Sicherheit für Darlehen einzusetzen. Solon bemühte sich außerdem darum, Athener zurückzuholen, die als Sklaven ins Ausland verkauft worden waren, jedoch ist unsicher, was er in dieser Hinsicht erreichte. Ein ungelöstes Problem blieb die Frage, wie kleine Grundbesitzer sich selbst versorgen konnten, denn wenn die Fläche des bestellten Landes zu gering für die Ernährung eines Haushaltes war, nutzte eine Abschreibung der Schuld nichts. Solon führte außerdem eine Regulierung des Marktes für alle landwirtschaftlichen Produkte, mit Ausnahme von Oliven, ein, was einerseits die Stellung der Konsumenten stärkte, den kleinen, sich selbst versorgenden Haushalten jedoch wenig half.

Frühere Berichte über soziale Reformen liegen aus dem Mittleren Osten vor. In der Stadt Lagash wurde Mitte des 3. Jahrhunderts vor unserer Zeitrechnung die Macht durch einen gewissen Urukagina beschnitten, der seine Bevölkerung von einer korrupten Verwaltung befreite und eine gleichmäßigere Verteilung des Besitzes vornahm. Wie weit sich dieser Einschnitt erstreckte und welche Wirkung er auf längere Sicht hatte, lässt sich schwer beurteilen.

Ein anderes, etwas unsicheres Beispiel ist die jüdische Regel für das Jubeljahr entsprechend Kapitel 25 im dritten Buch Mose. Jedes fünfzigste Jahre sollte alles verpfändete Eigentum auf seine ursprünglichen Eigentümer oder seine Erben rückübertragen (Vers 13) und alle Sklaven und ihre Familien freigegeben werden (Vers 54). Ausgenommen war aus unbekannten Gründen das Eigentum in den Städten (Vers 30). Im Unterschied zu den Reformen Solons gibt es keine Belege dafür, dass die jüdische Regel jemals in die Praxis umgesetzt wurde.

Der Gini-Koeffizient für die Einkommensverteilung im klassischen Rom wurde auf 0,37 bis 0,4 berechnet.[24] Dies mag niedrig erscheinen, da diese Zahl der für die heutigen USA entspricht, jedoch war die Anzahl der uns aus der klassischen Geschichte bekannten extrem reichen Personen so gering, dass sie die Einkommensverteilung nicht nennenswert beeinflusste.

Soweit uns bekannt ist, war Hunger im antiken Griechenland und in Rom extrem selten.[25] Aus Athen werden einige ernste Hungerperioden berichtet, die jedoch alle mit Belagerungen in Zusammenhang stehen. Athen und Rom waren beide von Getreideimporten abhängig, die Behörden scheinen sich der politischen Risiken jedoch sehr bewusst gewesen zu sein und sorgten durch Bevorratung erfolgreich vor. Einer der letzten Beschlüsse Cäsars vor seiner Ermordung war die Wiedererrichtung des hundert Jahre zuvor nach den Punischen Kriegen zerstörten Karthagos, eines der großen Getreidelieferanten des Römischen Reiches.

Zusammenfassend lässt sich sagen, dass die klassischen Gesellschaften – und selbst Athen, das eine demokratische und verhältnismäßig egalitäre Ausnahme darstellte – von erheblicher Ungleichheit gekennzeichnet waren. Vom Anbeginn der Geschichte und in der klassischen Epoche bestand das Leben des absolut größten Teils der Bevölkerung für den meisten Teil der Zeit in einem Kampf ums Überleben.

Mittelalter

Die Faktengrundlage über Einkommen und Vermögen im Mittelalter ist nicht sehr viel besser als für die frühere Geschichte. Zwar gibt es gewisse punktuelle Angaben, wie zum Beispiel das *Domesday Book*, das Urbarium Wilhelm des Eroberers aus dem späten 11. Jahrhundert, zumeist beruhen unsere Kenntnisse aber auf qualitativen Beschreibungen.

Allgemeine Schlüsse lassen sich zumindest anhand genereller Daten ziehen.[26] Eine erste Feststellung lautet, dass die Bevölkerung Westeuropas um das Jahr 1000 ebenso groß war wie um das Jahr 0. Während moderne Länder sich in einem demografischen Gleichgewicht mit einer konstanten Bevölkerungszahl auf hohem materiellen Niveau befinden, traf das auf das mittelalterliche Europa nicht zu. Pro Jahr fiel das Bruttonationalprodukt (BNP) pro Kopf in Westeuropa vom Jahr 0 bis zum Jahr 1000 um durchschnittlich 0,01 Prozent jährlich. An sich sagt diese Ziffer nichts über die Verteilung des Wohlstandes aus, jedoch gibt es keinen Grund zu der Annahme, dass sich während dieser langen Periode mit negativem Wachstum die Lebensverhältnisse zum Besseren änderten.

Auch die bei der Geburt zu erwartende Lebensdauer erlaubt Rückschlüsse auf die Lebensverhältnisse. Für Ägypten zu römischer Zeit betrug sie 24 Jahre und ist somit nur unbedeutend niedriger als die für das England des 14. Jahrhunderts (24,3 Jahre). Außerdem war die Sterblichkeit während des ersten Lebensjahres in Ägypten höher als in England, weshalb die verbleibende Lebenserwartung nach dem ersten Lebensjahr in England niedriger war. Die Zahlen aus dem 14. Jahrhundert werden von der Pest bestimmt, die Mitte des Jahrhunderts Europa überfiel und mit begrenzteren Pestepidemien bis Ende des 17. Jahrhunderts einige Male zurückkehrte. Mitte des 18. Jahrhunderts, als die Pest besiegt war, lag die mittlere Lebenserwartung bei der Geburt noch immer bei recht bescheidenen 33,7 Jahren. Zum Bild gehört, dass sich die Urbanisierung, die sich in der europäischen Geschichte später negativ auf die Bevölkerungszahl auswirkte, während des Mittelalters nicht sonderlich entwickelte.

Ein wenig Licht auf die mittelalterliche Entwicklung vermögen punktuelle Schätzungen zu werfen: Auf der Grundlage des *Domesday Book* Wilhelms des Eroberers und eines von 1279–1280 erstellten Urbariums, *The Hundred Rolls Survey,* haben britische Wirtschaftshistoriker die Möglichkeit englischer Bauern zur Selbstversorgung miteinander verglichen.[27] Während dieser beiden Jahrhunderte nahmen sowohl die Ungleichheit wie die Armut zu. Zum Zeitpunkt der ersten Steuerschätzung konnte der absolut größte Teil der bäuerlichen Haushalte sich allein durch die Bestellung des eigenen Bodens versorgen. Zwei Jahrhunderte später war das nur noch einer Minderheit zwischen 15 und 30 Prozent möglich und man war, um überleben zu können, zu zusätzlicher Lohnarbeit gezwungen. Grund hierfür sind im 13. Jahrhundert vorgenommene Änderungen in der Gesetzgebung, die es gestatteten, Teile seines Landbesitzes zu verkaufen, um Jahre mit Missernten zu überstehen – eine kurzsichtige Lösung, die auf lange Sicht die Selbstbestimmungsmöglichkeiten der Kleinbauern untergruben. Der Mechanismus hinter der zunehmenden Ungleichheit ist also der gleiche wie in Athen vor den Reformen Solons.

Ein anderes Bild aus dem mittelalterlichen Paris liefern die Steuerverzeichnisse aus der Regierungszeit Philips des Schönen um das Jahr 1300. Der berechnete Gini-Koeffizient beträgt 0,7 – also Ungleichheit auf hohem Niveau. Auch für Länder außerhalb Westeuropas liegen Schätzungen vor. Die Ziffer für Byzanz um das Jahr 1000 liegt bei 0,41. Wie die ähnliche Ziffer für das antike Rom mag das niedrig erscheinen, bei einer Überprüfung mithilfe anderer Maßstäbe zeigen sich jedoch recht ungleiche Verteilungen. In Byzanz sicherte sich das reichste Prozent der Bevölkerung mindestens 30 Prozent des Einkommens, während die entsprechende Zahl für Rom 16 Prozent beträgt.

Für den größten Teil des Mittelalters war die Sklaverei in Europa verbreitet, verlor im Westen aber allmählich an Bedeutung.[28] In Schweden erließ Magnus Eriksson um die Mitte des 14. Jahrhunderts ein Verbot der Sklaverei, das sich allerdings auf Christen beschränkte. Nichts hinderte jemanden also daran, Nichtchristen als Sklaven zu halten. In Osteuropa ging die Entwicklung in die entgegengesetzte Richtung und die Leibeigenschaft wurde im 16. und 17. Jahrhundert verstärkt. Zum globalen Bild gehört der überseeische Sklavenhandel, dessen Entwicklung im 15. Jahrhundert einsetzte.

Moderne Beispiele

Mit Beginn der neuen Zeit eröffneten sich Möglichkeiten für neue Erwerbszweige, den internationalen Handel und für Finanzmärkte.[29] In Westeuropa stieg das durchschnittliche Einkommen, während die Einkommensverteilung sich in unterschiedliche Richtungen entwickelte. Relativ detaillierte Studien liegen für die

Zeit vom 13. Jahrhundert bis zum 20. Jahrhundert aus England, später Großbritannien, und für die Niederlande vom 16. Jahrhundert bis ins 20. Jahrhundert vor. In England sicherten sich zumindest bis um die Mitte des 19. Jahrhunderts, als die Ungleichheit nivelliert wurde, die wohlhabenderen Gesellschaftsschichten einen zunehmenden Anteil des Gesellschaftsvermögens. Ein ähnliches Muster kann man in den USA verfolgen. Von Ende des 19. Jahrhunderts bis um 1970 nahm die Ungleichheit in den meisten Industrieländern ab, um sich anschließend wieder zu vergrößern.

In den skandinavischen Ländern, den Niederlanden und Deutschland gibt es Unterschiede in den Entwicklungsmustern, die sich mit der relativen Stärke der unterschiedlichen Faktoren erklären, die für beziehungsweise gegen eine gesteigerte Ungleichheit wirken. Wichtig für die Entwicklung im 20. Jahrhundert waren das Wachstum des Staates und die Entwicklung einer Wohlfahrts- und Steuerpolitik, die in manchen Ländern das den Haushalten zur Verfügung stehende Einkommen stark beeinflussten.

Land	Gini-Koeffizient
Island	0,244
Norwegen	0,252
Dänemark	0,254
Slowenien	0,255
Finnland	0,257
Tschechien	0,262
Belgien	0,268
Slowakische Republik	0,269
Österreich	0,28
Schweden	0,281

Land	Gini-Koeffizient
Luxemburg	0,281
Niederlande	0,283
Ungarn	0,288
Deutschland	0,292
Frankreich	0,294
Schweiz	0,295
Polen	0,3
Korea	0,302
Irland	0,309
Kanada	0,322
Italien	0,325
Japan	0,33
Neuseeland	0,333
Österreich	0,337
Portugal	0,342
Griechenland	0,343
Spanien	0,346
Lettland	0,352
Vereinigtes Königreich	0,358
Estland	0,361
Israel	0,365
Turkei	0,393
Vereinigte Staaten	0,394

Tabelle 3.1: Gini-Koeffizienten für einige OECD-Länder im Jahr 2014 und später. Die Länder sind nach steigenden Gini-Koeffizienten geordnet. Quelle: OECD

Auch wenn die reicheren OECD-Länder einander in vielerlei Hinsicht ähneln, herrschen, wie Tabelle 3.1 zeigt, große Unterschiede bei der Einkommensverteilung. [30]

Da die Länder wirtschaftlich und sozial ähnlich sind, liegt die Haupterklärung für die Unterschiede in den Verteilungsmustern der Wirtschaftspolitik. Die Einkommensverteilung kann durch Steuer- und Transfersysteme beeinflusst werden. Trotzdem ist ab 1970 in den meisten OECD-Ländern eine Tendenz zur Verschärfung der Einkommensunterschiede spürbar; allein während der vergangenen beiden Jahrzehnte haben die Unterschiede um durchschnittlich 16 Prozent zugenommen. In Ländern mit vergleichsweise hohen Umverteilungsbestrebungen wie Australien, Finnland, Kanada und Schweden wurde mehr als die Hälfte der marktabhängigen Zunahme von Einkommensunterschieden im Steuer- und Transfersystem ausgeglichen, während in den übrigen Ländern weniger als die Hälfte ausgeglichen wurde.

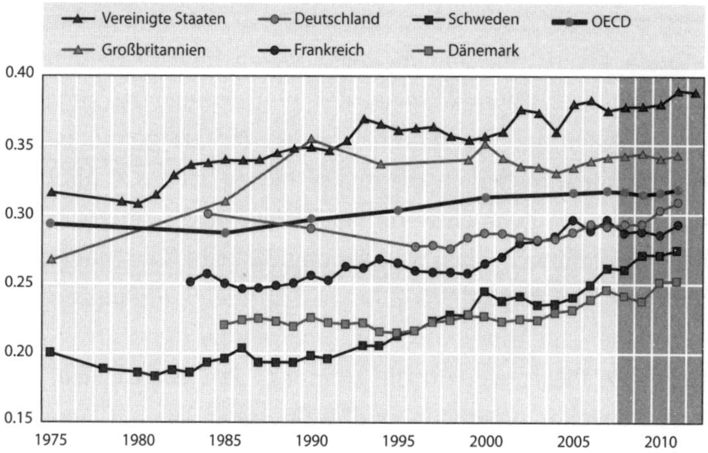

Diagramm 3.1: Der Gini-Koeffizient für verfügbares Einkommen in ausgewählten Ländern der OECD, 1975–2011/12.
Quelle: Cingano, F. (2014).

Schweden weicht tendenziell vom allgemeinen Muster nicht ab – Zunahme der Gleichheit ab der zweiten Hälfte des 19. Jahrhunderts bis um 1970, danach eine Zunahme der Ungleichheit. Die Entwicklung des Gini-Index für Schweden in den letzten Jahrzehnten wird in Diagramm 3.1 im Vergleich zu ausgewählten OECD-Ländern dargestellt. Es ist zu erkennen, dass Schweden seit den 1970er-Jahren eine dramatische Entwicklung erlebt hat. In Deutschland ist die Ungleichheit seit Beginn der Messungen Anfang der 1980er-Jahre kontinuierlich gestiegen – mit dem Beginn der Krise (grauer Bereich) ist diese Entwicklung etwas ins Stocken geraten.

Ein besonderer Aspekt der Einkommensverteilung ist die Verteilung von Einkünften aus unterschiedlichen Quellen, hier vor allem Arbeit und Kapital, worauf der französische Wirtschaftswissenschaftler Thomas Piketty in *Das Kapital im 21. Jahrhundert* hingewiesen hat.[31] Die in diesem Buch präsentierten Fakten sind das Ergebnis langjähriger gemeinsamer Forschungsanstrengungen einer großen Zahl von Wirtschaftswissenschaftlern, wobei die historischen Daten nicht ernsthaft angezweifelt wurden. Piketty und seine Kollegen zeigen, dass die Bedeutung des Kapitals bis zum Ausgang des 19. Jahrhunderts zunahm, um zwischen und während der beiden Weltkriege radikal zurückzugehen. Nach dem Zweiten Weltkrieg hat das Kapital stetig zugenommen, auch wenn der Verlauf in den untersuchten Ländern unterschiedlich war. Als unmittelbare Konsequenz hat der Anteil der Kapitaleinkünfte an den totalen Einkünften zugenommen. Im Mittelpunkt der Debatte steht die künftige Entwicklung. Piketty vertritt die Meinung, dass das Gewicht des Kapitals weiter zunehmen wird, während andere auf Faktoren verweisen, die in die entgegengesetzte Richtung weisen.

Weltweit sind die Unterschiede sogar noch größer.[32] In den gut 130 Ländern, für die die Weltbank Daten zur Einkommensverteilung zusammenstellte, variiert der Gini-Koeffizient zwischen 0,2 (Slowakei) und 0,74 (Namibia). Zwischen dem BNP pro Kopf und dem Gini-Koeffizienten in diesem Länderquerschnitt gibt es eine negative Korrelation. Das heißt, dass ein höheres Entwicklungsniveau verantwortlich ist für eine gleichmäßigere Verteilung. Daraus den Schluss zu ziehen, dass wirtschaftliche Entwicklung zu gleichmäßigerer Verteilung führt, wäre jedoch vorschnell. Die Zusammenhänge sind komplizierter und die Beziehungen zwischen Zuwachs und Einkommensverteilung können sich in beiden Richtungen auswirken.[33]

Der weltweite Gini-Index ist seit Ende des Zweiten Weltkrieges bis etwa 0,5 gesunken. In der zweiten Hälfte dieser Periode kann die Veränderung anhand der Entwicklung in zwei Ländern erklärt werden – China und Indien.[34] Nimmt man diese beiden Länder aus, hat die Ungleichheit während der gesamten Periode zugenommen. Im Zeitabschnitt vom Beginn des 19. Jahrhunderts bis zum ausgehenden 20. Jahrhundert kann man mithilfe der Statistik die globale Ungleichheit in zwei Teile aufspalten: die durchschnittliche Veränderung innerhalb einzelner Länder und die Unterschiede zwischen den Ländern. Hierbei zeigt sich, dass sich die erste Komponente während der gesamten Periode mehr oder weniger konstant verhält. Die wichtigste Erklärung für den Anstieg der Ungleichheit ist also der zunehmende Unterschied zwischen Ländern.

Theoretische und tatsächliche Ungleichheit[35]

Beim Vergleich des Gini-Index unterschiedlicher Gesellschaften ist zu berücksichtigen, dass das jeweilige Entwicklungsniveau Grenzen für den möglichen Unterschied zwischen Einkommen oder Vermögen von Individuen setzt. In einer Jäger- und Sammlerkultur, in der alle am Existenzminimum oder in seiner Nähe leben, ist für Ungleichheit schlicht kein Raum, da die Ressourcen gleichmäßig so verteilt werden müssen, dass alle überleben können. Erst wenn es zu einem Überschuss kommt, kann sich Ungleichheit zwischen Individuen entwickeln. Das theoretisch höchste Niveau von Ungleichheit wird erreicht, wenn der gesamte Zuwachs von einer einzigen Person oder einer kleinen Gruppe kontrolliert wird, während alle anderen am Existenzminimum leben, gewöhnlich 400 amerikanische Dollar pro Jahr in heutiger Währung. Solange sie klein bleibt, ist die Größe der herrschenden Gruppe weniger wichtig. Die Wirtschaftswissenschaftler Branko Milanovic, Peter Lindert und Jeffrey Williamson haben dies genutzt, um eine Anzahl von Gesellschaften ins Verhältnis zum theoretisch höchsten Niveau von Ungleichheit zu setzen, das mit dem aktuellen wirtschaftlichen Entwicklungsniveau vereinbar ist. Sie bezeichnen dies als *Ungleichheitsgrenze (inequality possibility frontier)* und konnten von einer großen Auswahl von Gesellschaften im Zeitraum der letzten zweitausend Jahre Gini-Schätzungen sammeln. Selbstverständlich sind für ältere Gesellschaften keine Haushaltsbudget-Untersuchungen der Art, wie sie modernen Analysen zugrunde liegen, verfügbar, jedoch zeigte sich, dass die sozialen Tabellen, die die wichtigsten Gesellschaftsschichten und Berufsgruppen und ihre Position auf der Einkommensskala beschreiben, erstaunlich weit reichen.

Die Ergebnisse werden in Diagramm 3.2 zusammengefasst. Aus Gründen der größeren Anschaulichkeit werden ähnliche Gesellschaften auf der rechten Seite des Diagramms dargestellt. Das Diagramm zeigt die Gleichheit der Verteilung (vertikale Achse) in Gesellschaften auf unterschiedlichem Entwicklungsniveau (horizontale Achse). Die Kurve im unteren Teil des Diagramms zeigt die theoretisch errechnete maximale Ungleichheit. Gewisse Gesellschaften, wie zum Beispiel die Demokratische Republik Kongo im Jahr 2004 und die indische Provinz Bihar im Jahr 1807, lagen sogar unterhalb dieser Grenze. Die Erklärung ist, dass das Existenzminimum in diesen Gesellschaften unterhalb der angenommenen 400 Dollar pro Jahr liegt und dass eine weitergehende Konzentration der Ressourcen einer Gesellschaft also möglich ist.

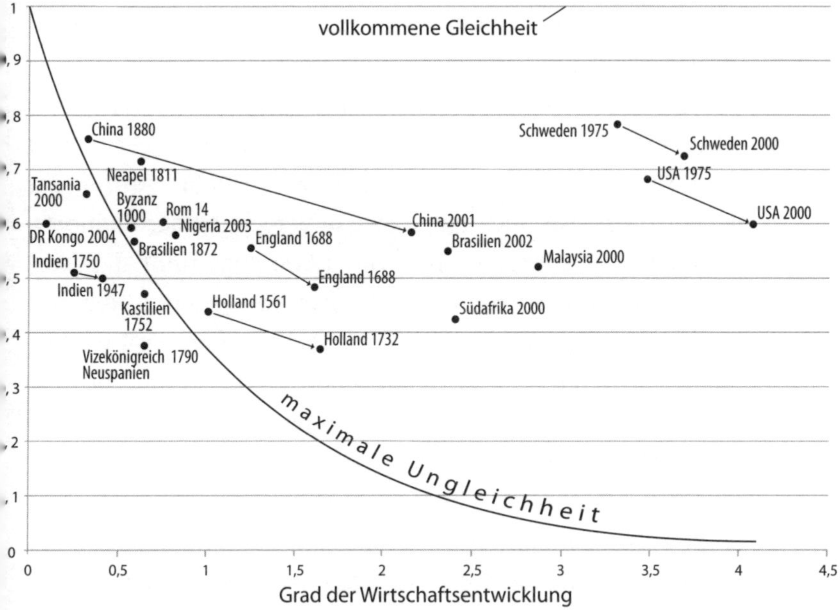

Diagramm 3.2: Zusammenhang zwischen wirtschaftlichem Entwicklungsniveau und Gleichheit. Auf der horizontalen Achse ist das Entwicklungsniveau gemessen als durchschnittliches mittleres Einkommen im Verhältnis zum Existenzminimum dargestellt (400 amerikanische Dollar in heutiger Währung), auf der vertikalen Achse die Gleichmäßigkeit der Einkommensverteilung (1-Gini-Index). Die Kurve im unteren Teil des Diagramms bezeichnet die Ungleichheitsgrenze, das heißt das höchste Niveau der Ungleichheit, das mit dem Entwicklungsniveau der aktuellen Gesellschaft vereinbar ist. Quelle: Nach Milanovic u.a. (2007); OECD-Statistik.

Interessant ist die Veränderung einer bestimmten Gesellschaft im Verlauf der ökonomischen Entwicklung, wofür das Diagramm einige Beispiele darstellt: China im Jahr 1880 und im Jahr 2001, England 1688 und 1801–1803 und Holland 1561 und 1732. Das Muster ist identisch: Die Ungleichheit steigt innerhalb der aktuellen Zeitperioden analog der ökonomischen Entwicklung. Hier handelt es sich um vereinzelte Beispiele, aber doch um Indikatoren für ein Muster.

In den genannten Beispielen nimmt die Ungleichheit zu, aber auch der Abstand zur Ungleichheitsgrenze vergrößert sich. Mit anderen Worten: Parallel zu einer Steigerung der Ungleichheit hat auch eine gewisse Verteilung der ökonomischen Macht stattgefunden. Das Diagramm stellt dar, was oben bereits festgestellt wurde: Lebt die gesamte oder fast die gesamte Bevölkerung in der Nähe des Existenzminimums, gibt es keinen Raum für Ungleichheit. Dieser Raum und eine politische Möglichkeit zur Verteilung des Überschusses in unterschiedlicher Weise wird von der ökonomischen Entwicklung geschaffen. Die Beziehung zwischen der tatsächlichen Ungleichheit und der Grenze der Ungleichheit, von Milanovic und Kollegen als *extraction ratio* bezeichnet, ist ein Maß für die Effektivität, mit der die führende Elite der übrigen Bevölkerung diesen Überschuss entzieht. Dass der Abstand zur Ungleichheitsgrenze sich in Zeiten rascher ökonomischer Entwicklung vergrößert, illustriert also die Schwierigkeiten der führenden Elite, in solchen Zeitabschnitten die volle Kontrolle über die Verteilung der Ressourcen aufrechtzuerhalten.

Zusammenfassung

Mit aller gebotenen Zurückhaltung hinsichtlich der Möglichkeiten, die Geschichte der Ungleichheit auf einigen wenigen Seiten zusammenzufassen, kann man dennoch versuchen, das Wesentliche in einigen charakteristischen Fakten zusammenzufassen.

In den *Primatengesellschaften*, von denen die der Schimpansen am sorgfältigsten untersucht wurde, gibt es zweifellos Beispiele für Ungleichheit. Die Alpha-Affen verfügen über einen privilegierten Zugang zu Futter, sie genießen sexuelle Privilegien und besitzen einen überdurchschnittlichen Einfluss auf kollektive Entscheidungen. Kommt es zu einem gelegentlichen Überschuss an Futter, versuchen sie, die Kontrolle über die Verteilung dieses Überschusses zu erlangen, was häufig gelingt. Im Gegenzug wird von ihnen erwartet, dass sie Konflikte lösen und dafür sorgen, dass Weibchen und Nachkömmlinge einen angemessenen Anteil an diesem Überschuss erhalten. Andererseits existieren klare Grenzen für den Einfluss der Anführer. Kleine Gruppen sind stets stärker als ein isolierter Anführer, der deshalb stets auf Koalitionen angewiesen und durch Veränderungen innerhalb des Netzwerkes verletzbar ist. Da die Affen nicht über Möglichkeiten zur Lagerung und Anhäufung der Ressourcen verfügen, gibt es sehr klare Grenzen dafür, wie groß die Unterschiede zwischen verschiedenen Individuen werden können.

Jäger- und Sammlergesellschaften sind verhältnismäßig gleich, jedoch gibt es innerhalb dieser Kategorie Unterschiede. Das Gleiche trifft für *hortikulturelle* Gesellschaften zu, bei denen die Variationsmöglichkeiten sogar größer sind. Wie die Primatengesellschaften leben diese Gesellschaften an der Überlebensgrenze, weshalb der Spielraum für Ungleichheit begrenzt ist.

Auch die Möglichkeit der Übertragung von Ressourcen von Generation zu Generation ist begrenzt. Ein anderer wichtiger Aspekt ist, dass es sich hier um kleine Gesellschaften handelt, in denen der direkte Austausch als Mechanismus für eine soziale Kontrolle sich leichter einführen und aufrechterhalten lässt, als in größeren Gesellschaften.

In *viehzüchtenden* Gesellschaften ist die Ungleichheit größer und sie nimmt mit der Einführung einer sesshaften Lebensweise weiter zu. Sesshaftigkeit erleichtert die Akkumulation von Ressourcen, was von führenden Individuen zur Entwicklung und Betonung von Statusunterschieden genutzt werden kann, so zum Beispiel bei der Größe der Behausungen, der Kontrolle der Lager und der Verteilung des Überschusses. Die Übertragung zwischen unterschiedlichen Generationen hat größere Bedeutung als in den Jäger- und Sammlergesellschaften, was gewissen Familien die Akkumulation von Wohlstand erleichtert.

Mit dem Übergang zur *ackerbauenden* Gesellschaft verstärken sich diese Tendenzen weiter und die Arbeitsteilung entwickelt sich. Ein wichtiger Schritt wird erreicht, wenn die führende Schicht die nötigen Ressourcen zum Aufstellen bewaffneter Kräfte erhält, um so organisierte Gewalt zu nutzen.

Über einen längeren historischen Zeitraum betrachtet, gibt es eine deutliche Tendenz zu gesteigerter Ungleichheit. Die Ungleichheit nähert sich dem Niveau an, welches das Entwicklungsniveau zulässt – der Grenze zur Ungleichheit. Wird ein von Gleichheit geprägtes soziales Gleichgewicht gestört und gewisse Gruppen oder Individuen erlangen im Kampf um die Macht die Oberheit, gibt es keine natürliche Kraft, die die Gesellschaft zu einem früher existierenden Gleichgewicht zurückführt.

Rasche Veränderungen in der Umgebung, wie technischer Fortschritt oder andere Entdeckungen können neue Wege zur Macht und damit zu einer Verteilung des Wohlstandes öffnen.[36]

Das wichtigste Beispiel hierfür ist vielleicht die Modernisierung Europas und der Aufstieg des Bürgertums. Doch auch in solchen Situationen werden die neuen Möglichkeiten häufig am effektivsten von den früheren Machthabern verwertet, und die allgemeine Machtstruktur kann deshalb eine derartige Phase der Veränderung relativ unbeschadet überstehen.

Die bemerkenswerte Ausnahme vom allgemeinen Muster zunehmender Ungleichheit, in Reichweite und Größe fast einzigartig zu nennen, ist die Zunahme des Wohlstandes im 20. Jahrhundert in Folge der gewerkschaftlichen Organisierung, der Demokratisierung und der Entstehung des Wohlfahrtsstaates.

Bei der Beschreibung von Beispielen für egalitäre Gesellschaften in der Literatur, werden selten die von der Umgebung gesetzten Grenzen für die Ungleichheit beschrieben. Es gibt keinen Anlass, zu glauben, dass Menschen in Jäger- und Sammlergesellschaften eine andere Konstitution oder eine andere Kapazität besitzen, um einen gewissen moralischen Druck aufrechtzuerhalten, der die Macht der führenden Schicht begrenzt. Diese Gesellschaften sind ganz einfach deshalb egalitär, weil es in Gesellschaften nahe am Existenzminimum sehr wenig Raum gibt, um Ungleichheit aufrecht zu erhalten. In Gesellschaften mit einem größeren Produktionsüberschuss werden die Machtunterschiede zwischen Besitzenden und Ressourcenschwachen vom Interesse der Besitzenden begrenzt, die weniger gut Gestellten am Leben und einigermaßen arbeitsfähig zu erhalten. Die Ungleichheit steigt, bis sie an diese Grenze stößt – und eben diese Beziehung bedarf der Erklärung.

4 Das Ende des Märchens

Mein liebes Kind, nun ist das Märchen zu Ende,
der Prinz und die Prinzessin kamen in ihr Königreich
und wurden mit Pomp und Salut empfangen
Und du, du musst jetzt schlafen.

Und als sie nach der gefährlichen Reise zu Hause waren
passierte ihnen gar nichts mehr,
nur Sachen wie sie jedem anderen hier
auf der Welt passieren.
Die Jahre vergingen, und die Prinzessin wurde alt und fett,
und der Prinz wurde alt und mager
und sie bekam Migräne und Familienärger
und er Krieg und Gicht.

Aber darüber musst du dir keine Sorgen machen
denn du, du sollst jetzt einfach schlafen
und davon träumen, dass du der Prinz bist
und die Prinzessin aus Gefahr gerettet hast.

Und wenn du so lange geträumt hast,
wird die Sonne dich im Bett überraschen.
Dann musst du schnell die Kleider anzieh'n,
denn morgen mäht man Heu auf der Wiese.

(Sigfried Lindström, «Das Ende des Märchens»)[1]

Alle Kontrakttheoretiker, von Lukrez über Marsilius von Padua, Hobbes und Locke bis zu modernen Philosophen wie Rawls und Nozick suchten nach dem perfekten Vertrag, der die hypothetischen Individuen in einer staatenlosen Gesellschaft auf ihrem Marsch durch die Geschichte von einer Generation zur nächsten führt. Ihre Lösungsvorschläge fielen im Lauf der Jahrhunderte unterschiedlich aus, der Grundentwurf blieb derselbe. Eine politische Theorie mit einem solchen Anspruch muss die sozialen Mechanismen berücksichtigen, die die Entwicklung nach Abschluss der Vertragsverhandlungen bestimmen werden. Seine Überlegungen bei der Unterzeichnung des Vertrages zu beenden wäre vergleichbar mit dem Ende eines Märchens, wo der Prinz die Prinzessin bekommt, nachdem er sie vor dem Drachen gerettet hat. Das ist nicht das Ende des Märchens, es ist vielmehr sein Beginn.

Wie muss man sich eine Gruppe von Menschen vorstellen, die sich zur Unterzeichnung eines Sozialvertrags versammelt? Historisch ist es natürlich niemals zu dieser Situation gekommen. Am nächsten kommen dem jene Szenarien, in denen sich neue Länder, zum Beispiel nach einem Befreiungskrieg, mit der Aufgabe konfrontiert sehen, eine Verfassung zu entwerfen. Aber auch in solchen relativ offenen Situationen sind die Verfassungsautoren zwangsläufig einer Vorgeschichte und einer sozialen Struktur verhaftet, die sie berücksichtigen müssen, wenn das konstitutionelle Projekt gelingen soll. Unterschiede hinsichtlich des Vermögens und des sozialen Status werden höchstwahrscheinlich Einfluss auf die Ausformung der Verfassung haben.

Als Gedankenexperiment kann man sich das folgende Szenario vorstellen. Eine erste Voraussetzung ist, dass die Individuen in jenen Belangen identisch sind, die die Ausformung des Sozialvertrages beeinflussen können. Individuellen Unterschieden darf ebenso wenig Vorrang eingeräumt werden wie bei der Diskussion moralischer Normen. Das muss nicht heißen, dass es keine signifikanten Unterschiede gibt. Ist der Vertrag unterschrieben, wird sich zeigen, dass einige Individuen es vorziehen, in dicht besiedelten Orten zu leben, um Handel zu betreiben, während andere sich mit Landwirtschaft beschäftigen. Manche werden unternehmungslustig und risikobereit sein, andere vorsichtiger. Von einigen ist zu erwarten, dass sie bei ihren Mitbürgern schmarotzen, und der Vertrag muss auch diese Möglichkeit in Rechnung stellen.

Zu den grundlegenden Voraussetzungen muss auch gehören, dass alle bei Spielbeginn die gleichen Voraussetzungen haben – materiell, intellektuell und so weiter –, mit diesen Voraussetzungen jedoch in unterschiedlicher Weise umgehen. Wie sich das Leben anschließend gestaltet, lässt sich nicht präzise voraussagen. Es wird sowohl positive wie negative Überraschungen geben – unerwartete Entdeckungen, Naturkatastrophen und vieles andere. Nimmt man an, dass die Ausgangsvoraussetzungen die Voraussetzungen des größten Teils der Menschheit während des größten Teils der Geschichte widerspiegeln, werden die Lebensbedingungen in der Nähe des Existenzminimums liegen.

Eines aber ist sicher: Die entstehende Gesellschaft wird geprägt sein von Arbeitsteilung und kollektiven Anstrengungen und damit auch von Verhandlungen darüber, wie das Ergebnis verteilt werden soll. Manche jagen, andere sammeln. Unter den Jägern schrecken einige die Beute auf, während andere sie fangen. Die Früchte der Arbeit unterschiedlicher Individuen müssen gegeneinander getauscht werden, und dies erfordert Bedingungen für diesen Austausch – Voraussetzung dafür sind offene oder stillschweigende Verhandlungen. Darum ist der Ablauf solcher Verhandlungen entscheidend für die weitere Entwicklung der Gesellschaft.

Die Elementarverhandlung

Wie im zweiten Kapitel gezeigt wurde, können Verhandlungen als elementarer Baustein für Sozialbeziehungen gelten. Im vorangegangenen Kapitel haben wir gesehen, dass die Ungleichheit dazu tendiert, sich im Zeitverlauf zu vergrößern. Hierbei handelt es sich um kein Naturgesetz, sondern eine Tendenz, und die Entwicklung ist unter anderem abhängig von Veränderungen der Umwelt oder der Verhandlungsstärke der gesellschaftlichen Gegenspieler. Beschränken wir uns auf die Haupttendenz, um festzustellen, ob sie sich mit dem Verhandlungsmoment im sozialen Leben verbinden lässt. Wohnt der Verhandlung selbst ein Mechanismus inne, der zum Ungleichgewicht beiträgt? Lässt sich die Verhandlung in hinreichend allgemeinen Begriffen beschreiben, die die typische Verhandlungssituation abdecken, aber dennoch nicht inhaltslos werden?

In der einfachsten aller Verhandlungssituationen wollen zwei Partner etwas verteilen – zum Beispiel eine Jagdbeute, die Jahresernte oder einen Laib Brot. Diese beiden Partner können Individuen sein, wie etwa Robinson Crusoe und Freitag in der kleinsten aller vorstellbaren Gesellschaften. Natürlicher erscheint es jedoch, sich Gruppen vorzustellen, die koordiniert vorgehen, weil die Individuen innerhalb der gleichen Gruppe weitgehend gemeinsame Interessen haben – Landbesitzer kontra Pächter, Hausherr kontra Dienstboten oder Kapitalbesitzer kontra Gehaltsempfänger.

Die Rede ist nicht von einer einzelnen Verhandlung, sondern von einer langjährigen Beziehung, wo man sich häufig oder selten trifft, vielleicht nur einmal jährlich, um über die Verteilung zu entscheiden. In der Zwischenzeit wird das Verhandlungsergebnis konsumiert. Damit die Beschreibung repräsentativ ausfällt, muss man außerdem in Erinnerung behalten, dass der größte Teil der Menschheit während des größten Teils der Geschichte am oder in der Nähe des Existenzminimums gelebt hat. Eine Konsequenz hieraus ist, dass der Zeithorizont bis zur nächsten Verhandlung relativ kurz ausfällt, schließlich muss man sich auf die unmittelbare Zukunft konzentrieren, um bis zur nächsten Ernte oder Gehaltszahlung überleben zu können. Darum hat eine langwährende Beziehung der Partner keinen nennenswerten Einfluss auf die Verhandlung.

Sinnvoll erscheint außerdem die Voraussetzung, dass beide Partner Puffer besitzen, weil es zum Tode eines Partners führen würde, wenn ihm nicht das zum Überleben nötige Mindestmaß zur Verfügung steht.

Die einfachste, denkbare stilisierte Verhandlungssituation sieht also folgendermaßen aus: Zwei Partner in einem Wirtschaftssystem am Existenzminimum, regelmäßige Verhandlungen und ein Puffer, der ihnen erlaubt, zufällige Schwankungen des Betriebsergebnisses auszugleichen. Der Prozess beginnt mit einem symmetrischen Zustand, da beide Partner die gleichen Voraussetzungen haben. Was aber geschieht auf die Dauer mit einer solchen Beziehung?

Verhandlungen nach Nash[2]

In der einfachsten aller Verhandlungssituationen gibt es also zwei Partner, die etwas verteilen wollen. Wie aber soll die Verteilung vorgenommen werden? Verfügt man über keine zusätzlichen Informationen über die Situation, werden die meisten vermutlich vorschlagen, es solle zu gleichen Teilen geteilt werden. Wie aber ist es, wenn mehr Informationen zur Verfügung stehen?

Manche wollen womöglich die Vorgeschichte erfahren: Wie ist das Brot entstanden? Wer hat den Acker gepflügt, wer hat gesät und geerntet? Wer hat den Teig geknetet und das Backen im Ofen überwacht? Andere werden sich an den Bedürfnissen orientieren: Wer ist am hungrigsten, wer hat die meisten Münder zu stopfen? Wer hat die besten Chancen, mehr zu arbeiten? Diese Vorschläge gründen sich auf extern vermittelte Normen. Eine etwas distanziertere Verhaltensweise besteht darin, die Entscheidung ganz den Partnern zu überlassen und was immer sie vereinbaren, als legitime Lösung zu akzeptieren.

Selbst wenn man sich für letztgenannte Lösung entscheidet, hat man gleichwohl eine Vorstellung von einer angemessenen Lösung. Beispielsweise muss sie von beiden Partnern ohne Androhung von Gewalt akzeptiert werden. Diese Forderung wird vermutlich erfüllt, wenn – zumindest für die voraussehbare Zukunft – eine Fortsetzung der Beziehungen in Aussicht genommen wird – neue Jagdunternehmungen etwa oder eine Fortsetzung der landwirtschaftlichen Arbeit. Andernfalls gibt es keine neuen gemeinsamen Unternehmungen. Eine erste Bedingung ist also, dass beide einen Nutzen haben. Außerdem muss alles verteilt werden, es gibt keinen Grund, etwas verloren gehen zu lassen.

Auch eine Forderung nach Symmetrie ist natürlich. Sind die Voraussetzungen symmetrisch, sollte es auch die Lösung sein.

Eine technische Frage lautet, ob man die Diskussion auf Lösungen beschränken kann, die realistisch erscheinen. Drohungen sind bei Verhandlungen nicht ungewöhnlich, sie müssen jedoch realistisch sein, um glaubwürdig zu wirken. Darum ist die Vorstellung angemessen, dass sich die Lösung nicht verändert, wenn die Analyse sich auf Möglichkeiten beschränkt, die die Partner selbst als realistisch beurteilen.

Der Mathematiker John Nash wurde zu Beginn der 1950er Jahre mit seinen bahnbrechenden Arbeiten einer der prominentesten Vertreter der Spiel- und Verhandlungstheorie. Leider fand seine Arbeit durch eine schwere Erkrankung ein frühes Ende. Nash zeigt, dass die oben genannten Voraussetzungen, zusammen mit einer strikten technisch-mathematischen Bedingung, dass die Lösung nicht davon abhängig sein darf, mit welchem Maßstab man den Nutzen der Partner misst, zu einer eindeutigen Lösung führt, die man in mathematischen Begriffen beschreiben kann.

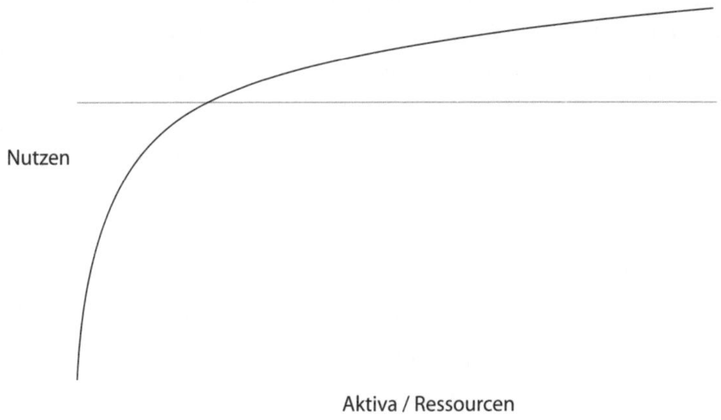

Diagramm 4.1: Eine typische Nutzenfunktion-Kurve: Der Nutzen wächst mit den Aktiva – die Kurve geht nach oben – der Nutzen wächst aber langsamer, je größer die Aktiva sind – die Kurve krümmt sich nach unten.

Zur Beschreibung der Lösung benötigt man den Begriff *Nutzenfunktion*, eines der wichtigsten Analyseinstrumente der Wirtschaftswissenschaften. Am einfachsten lässt sich die Nutzenfunktion verstehen, wenn man sich vorstellt, wie ein Mensch den Konsum von etwas – einer Ware oder einer Dienstleistung – erlebt und wie dieses Erleben mit der konsumierten Menge variiert. Wie kann man sich eine solche Funktion vorstellen? Das obenstehende Diagramm 4.1 zeigt ein Beispiel.

Erstens muss der Nutzen mit den Aktiva wachsen: »Mehr ist besser«. Gleichzeitig haben wir den wohlbegründeten Eindruck, dass der Nutzen langsamer wächst, je größer die Aktiva sind: Es gibt einen Sättigungseffekt. Die Beziehung zwischen der gefühlten Intensität der Sinne und der Größe der Stimulanz wurde im 19. Jahrhundert von den deutschen Physiologen Ernst Heinrich Weber und Gustav Theodor Fechner untersucht, ihre Ergebnisse werden mathematisch im Weber-Fechner-Gesetz zusammengefasst.[3] Während empirische Untersuchungen die Aussagen des Gesetzes bei einer einfacheren Stimulierung des Seh- und Hörsinnes bestätigen können, ist es fraglich, ob es auch als allgemeine Beschreibung dafür verstanden werden kann, wie der Mensch die Umwelt erlebt.

Nashs Lösung für das Verhandlungsproblem setzt voraus, dass es für die beiden Partner Nutzen-Funktionen gibt, U_1 für Partner 1, U_2 für Partner 2. Die Lösung kann geometrisch wie in Diagramm 4.2 dargestellt werden. Das Ergebnis für beide Partner wird an den Achsen gemessen. Die Ausgangslage der Verhandlungen ist stets der Nullpunkt des Koordinatensystems (Origo), wo die Achsen einander schneiden. Im schlimmsten Fall erhalten die Partner nichts und bleiben dann auf dem Nullpunkt. Die Lösung ist im Verlauf der Kurve zu suchen, die die möglichen Ergebnisse für beide Partner beschreibt, einer Kurve, deren Form also zum einen davon bestimmt wird, wie die Partner den Nutzen unterschiedlicher Konsumniveaus erleben, zum anderen von der Verhandlungsmenge. Nash zeigte, dass die eindeutige Lösung von dem Punkt angegeben wird, der die maximale Fläche des Rechtecks mit den Seiten U_1 und U_2 darstellt.

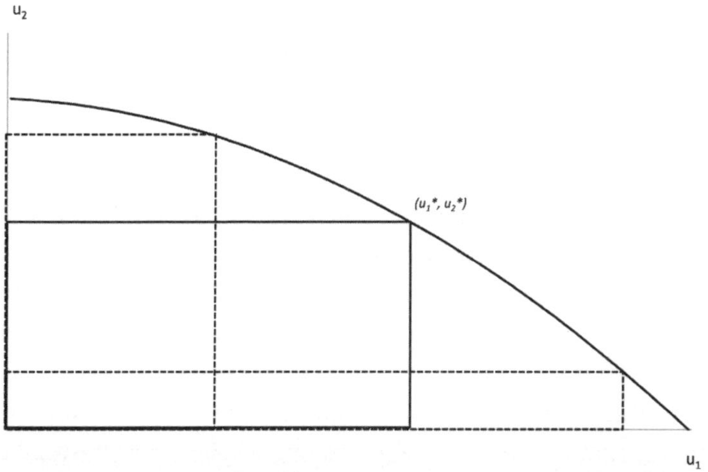

Diagramm 4.2: Die Lösung des Verhandlungsproblems nach Nash. Die zur Verfügung stehenden Möglichkeiten sind innerhalb der Kurve dargestellt. Das Ergebnis für die beiden Partner, U_1* beziehungsweise U_2* wird von jenem Punkt angezeigt, der die größte Fläche des Rechtecks mit den Seiten U_1 und U_2 bezeichnet. Das durchgezogene Rechteck stellt die optimale Lösung dar, während die gestrichelten Rechtecke eine kleinere Fläche aufweisen und somit eine schlechtere Möglichkeit vorstellen.

In den Jahrzehnten, die seit Nashs Präsentation vergangen sind, haben andere Forscher andere Voraussetzungen untersucht.[4] Obwohl andere Möglichkeiten vorgestellt wurden, ist Nashs Lösung nach wie vor die glaubwürdigste und am häufigsten akzeptierte. Interessant an ihr ist, dass man zu ihr auch auf anderen Wegen als dem eben beschriebenen gelangen kann. Eine Methode ist, anders als im klassischen Angebotsmodell, wo die Partner noch am Erreichen einer Lösung interessiert sind, sich eine Serie wechselnder Gebote vorzustellen. Unter allgemeinen Bedingungen führt diese Beschreibung zur gleichen Lösung, wenn die Verhandlungsintervalle gegen Null gehen. Hierin liegt eine der Stärken des Modells, da es als stilisierte Beschreibung eines tatsächlichen Geschehens und nicht nur als Resultat einer mathematisch-technischen Herleitung mit abstrakt formulierten Anforderungen gesehen werden kann.

Der zuletzt genannte Punkt ist wichtig. Während andere Ansätze zur Beschreibung und Analyse des Problems zum Ausgangspunkt meist eine Bewertung haben – wie zum Beispiel »Gleichheit ist wünschenswert« –, geht Nashs Analyse deskriptiv vor. Es wird eher aus intellektuellen, statt aus ethischen Forderungen abgeleitet.

Wie aber sieht Nashs Lösung in der Praxis aus? Wenn zwei Partner unter identischen Voraussetzungen über eine Ressource verhandeln, wollen sie zu gleichen Teilen aufteilen. Was aber geschieht, wenn der eine Partner bei Verhandlungsbeginn über größere Ressourcen verfügt?

Die meisten werden vermutlich annehmen, dass jemand, der mit größeren Ressourcen zu einer Verhandlung kommt, gute Chancen hat, auch das größere Stück des Kuchens zu bekommen. Er kann es sich leisten, abzuwarten und Risiken einzugehen, von denen das größte ist, dass es eventuell zu keiner Lösung kommt und beide mit leeren Händen dastehen. Darum erscheint die Vorstellung natürlich, dass die Überlegenheit dieses Partners bei Verhandlungsbeginn in einem besseren Verhandlungsergebnis ihre Entsprechung findet. Auch formal lässt sich nachweisen, dass dies der Fall sein wird. Erforderlich ist eine Zusatzvoraussetzung, dass die Neigung, Risiken einzugehen, mit größeren Aktiva zunimmt – wobei es sich um keine Selbstverständlichkeit, sondern um eine aus der Erfahrung resultierende Annahme handelt. Mithilfe dieser Voraussetzung wird also die intuitive Vorstellung bestätigt – wer bei Verhandlungsbeginn über die größeren Ressourcen verfügt, erzielt in der Verhandlung auch das bessere Ergebnis.

Die langsichtige Dynamik des Verhandlungsspiels[5]

Will man Nashs statistisches Verhandlungsproblem in ein dynamisches übertragen, muss man die oben beschriebenen Zusatzvoraussetzungen berücksichtigen. Wir gehen davon aus, dass zwei Partner etwas gemeinsam produzieren und anschließend über das Ergebnis verhandeln. Sie leben in der Nähe des Existenzminimums. Mit anderen Worten: Die Produktion entspricht während eines Zeitabschnitts – ein Monat, ein Jahr oder was immer als relevant erscheinen mag – exakt dem Konsum. Der Ausgangspunkt der Verhandlung in jeder Zeitperiode ist durch Nashs Lösung des statischen Problems gegeben. Beide Partner verfügen über einen Puffer, der es ihnen gestattet, Perioden zu überstehen, in denen das Verhandlungsresultat kurzfristig nicht dem Konsum entspricht. In der einfachsten Formulierung können wir annehmen, dass jeder Partner unabhängig von der Größe dieses Puffers weiter die gleiche Menge konsumiert.

Ist der Ausgangspunkt der dynamischen Verhandlung völlig symmetrisch, wird auch die Lösung symmetrisch sein. Nashs Verhandlungslösung gibt in jeder Zeitperiode jedem der Partner gleich viel, sie konsumieren gleich viel und werden zur nächsten Verhandlungsrunde mit den gleichen Voraussetzungen zurückkehren. Die Lösung wird für alle folgenden Zeitperioden gleich sein.

Nimmt man nun an, dass die Ausgangsvoraussetzung leicht verändert wird, sodass der eine Partner die Verhandlung mit einer geringfügig stärkeren Position als der andere aufnimmt, gesteht Nashs Grundlösung jenem Partner einen etwas größeren Anteil am Produktionsresultat zu. Konsumiert dieser Partner, der mehr als die Hälfte bekam, nun die gleiche Menge wie zuvor, wird der Überschuss seinem Puffer hinzugefügt, während der andere Partner gezwungen ist, seinen Anteil am Puffer aufzubrauchen, um seine Konsumbedürfnisse abzudecken. Wer mit einer etwas stärkeren Position die Verhandlungen aufnahm, wird die nächste Verhandlungsrunde mit einer noch stärkeren Position beginnen und kann dann einen noch größeren Anteil erwarten und so weiter. Das langfristige Resultat ist leicht zu erkennen: Die Aktiva des einen wachsen in zunehmend schnellerem Takt, während die des anderen ebenso rasch zurückgehen. Dies ist ein Beispiel für das, was mit einem technischen Terminus als *positives Feedback* bezeichnet wird. Eine gewisse Veränderung wird von der Eigendynamik des Systems verstärkt und führt zu Instabilität.

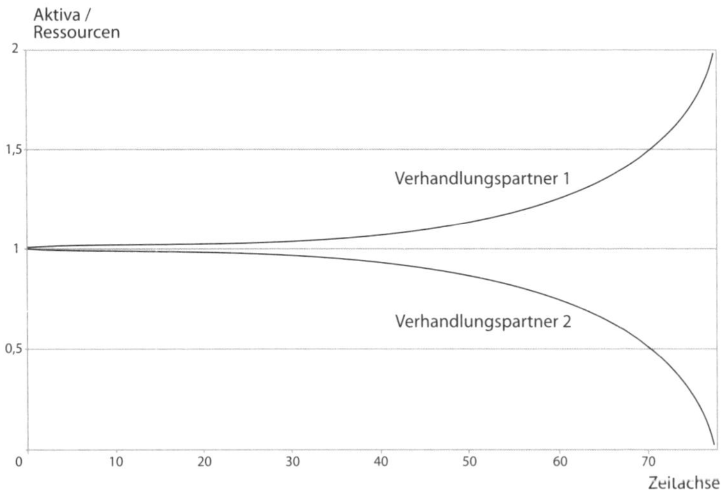

Diagramm 4.3: Die Aktiva des einen Partners sind bei Verhandlungsbeginn um 1,0 Prozent größer, 1.01 Einheiten, der andere Partner startet mit einem Puffer von 1.0 Einheit. Nach 70 bis 80 Perioden sind die Aktiva des schwächeren Partners erschöpft.

Der Mechanismus setzt voraus, dass die Partner mit einem kurzen Zeithorizont arbeiten, das heißt, dass sie von einer Periode zur folgenden über den Überschuss verhandeln. Dies ist eine angemessene Annahme, wenn sie am oder in der Nähe des Existenzminimums leben – in jenem Zustand, der für den größten Teil der Menschheit für den größten Teil der Geschichte zutrifft.

Kehren wir nun zu unseren abstrakten Individuen zurück, die im Begriff stehen, miteinander einen Sozialvertrag abzuschließen, ist die Relevanz dieses Mechanismus für die Ausgestaltung des Vertrags offensichtlich. Selbst wenn sie in jeder Hinsicht identisch sind – physisch wie intellektuell, in Kreativität, Energie und allem, was das Ergebnis beeinflussen kann, wird ihr Leben ab einem gewissen Punkt divergieren. In unserer Umgebung wird es stets kleinere Störungen geben, die das Resultat beeinflussen, ohne dass jemand dafür verantwortlich gemacht werden kann. Auch wenn alle gleich große Landanteile erhalten, sind vielleicht einige von ihnen weniger ertragreich. Jemand verliert vielleicht einen Teil seiner Herde durch eine ansteckende Krankheit, ein anderer sein Haus durch einen von einem Blitzeinschlag verursachten Brand. Solche natürlichen und unvorhersehbaren Ereignisse gehören zu den Lebensbedingungen des Menschen.

Die obige Überlegung zeigt, dass die dem Verhandlungsspiel innewohnende Dynamik solche kleinen Unterschiede verstärkt, mit zunehmender Ungleichheit als Folge. Es gibt kein natürliches Gleichgewicht, bei dessen Erreichen der Prozess von selbst zum Stillstand kommt. Das Einzige, das in der Praxis den Aktiva des stärkeren Partners Grenzen setzt, ist das Interesse, den anderen Partner am Leben zu erhalten, damit die Arbeit fortgesetzt werden kann.

Natürlich kann diese sehr vereinfachte Situationsbeschreibung in unterschiedliche Richtungen verfeinert werden. So wurde angenommen, dass beide Partner gleich viel konsumieren, auch wenn der eine Partner durch die Verhandlungen mehr erhält und somit einen größeren Konsumspielraum hat. In der Realität kann man erwarten, dass jemand, der mehr erhält, auch mehr konsumiert, wenn auch nicht so viel, dass seine Position bei künftigen Verhandlungen bedroht ist. Dies führt zu einer Verlangsamung des Prozesses, aber nicht zu einem qualitativ unterschiedlichen Ergebnis.

Die Analyse ist auf zwei Partner begrenzt. Nashs Grundresultat kann in gewissen Fällen für drei oder mehr generalisiert werden, jedoch existiert keine allgemeine Theorie, die als Grundlage für eine Analyse des generellen Problems dienen könnte. Gleichzeitig aber muss unterstrichen werden, dass die Analyse in Situationen Bestand hat, in denen zwei definierte Partner natürliche Koalitionen bilden.

Handelt es sich bei den Partnern eher um Gruppen von Individuen als um Einzelne, ist die Situation selbstverständlich komplizierter. Zunächst ist zu beachten, dass solche Situationen bezüglich der Anzahl der Individuen in beiden Gruppen dazu tendieren, sich asymmetrisch zu verhalten. Es hat stets weniger Landbesitzer als Landarbeiter, weniger Kapitalbesitzer als Lohnabhängige gegeben und so weiter. Für größere Gruppen sind die Organisationsprobleme stets größer. Und auch wenn eine gut organisierte größere Gruppe bei einer Kraftprobe mächtig erscheint, werden die Risiken, die man in einem Verhandlungsprozess bereit ist, auf sich zu nehmen, vom individuellen Spielraum bestimmt. Weshalb auch eine große Gruppe verletzlich ist, wenn ihre Mitglieder am Existenzminimum leben. Große Gruppen von Individuen mit begrenzten Ressourcen sind darum doppelt benachteiligt. Im Zweifelsfall wird also das Grundresultat verstärkt. Bereits Adam Smith notierte in *Wohlstand der Nationen* die ungleichen Bedingungen im Großbritannien des späten 18. Jahrhunderts:

»Der gebräuchliche Arbeitslohn hängt überall von dem zwischen jenen beiden Parteien, deren Interessen keineswegs die gleichen sind, gewöhnlich geschlossenen Verträgen ab. [. . .]

Es ist indes nicht schwer vorauszusehen, welche der beiden Parteien unter den gewöhnlichen Umständen in diesem Streite die Oberhand behalten und die andere zur Einwilligung in ihre Bedingungen zwingen wird. Die Meister können sich, da ihre Zahl geringer ist, leichter verbinden; und überdies gestattet das Gesetz ihre Koalitionen oder verbietet sie wenigstens nicht, während es die der Arbeiter verbietet. Wir haben keine Parlamentsakten gegen Verabredungen zur Herabsetzung des Arbeitspreises, wohl aber viele gegen Verabredungen zu seiner Erhöhung. In allen solchen Streitigkeiten können die Herren es viel länger aushalten. Ein Gutsbesitzer, ein Landwirt, ein Handwerksmeister oder ein Kaufmann können, wenn sie auch keinen einzigen Arbeiter beschäftigen, doch im Allgemeinen ein oder zwei Jahre von den Kapitalien leben, die sie bereits erworben haben. Viele Arbeiter dagegen können nicht eine Woche, nur wenige einen Monat und kaum einer ein Jahr ohne Beschäftigung bestehen. Auf die Dauer freilich kann der Arbeiter dem Meister ebenso notwendig werden, wie der Meister ihm; aber die Notwendigkeit ist keine so unmittelbare.«[6]

Wie erstaunt man durch diesen Schlusssatz sein mag, hängt selbstverständlich von den eigenen Erwartungen ab. Dass jemand, der mit einer stärkeren Position bei einer Verhandlung erscheint, von der Verhandlung stärker profitiert, dürfte kaum erstaunlich sein, wir erleben es tagtäglich im Alltag, im Arbeitsleben oder in der Politik. Dass aber eine symmetrische Ausgangssituation, in der beide Partner in allen wichtigen Belangen über die gleichen Ressourcen verfügen, langfristig in einem stark asymmetrischen Resultat endet, dürfte womöglich mehr überraschen. Nashs eigenes Grundresultat für jede Verhandlungsrunde ist schließlich ganz im Gegenteil auf die Annahme gegründet, dass symmetrische Voraussetzungen zu symmetrischen Ergebnissen führen. So gesehen ist der Schlusssatz weniger erwartet.

Modell und Wirklichkeit

Kehren wir zurück zur Realität, wie sie in Kapitel drei zusammengefasst wurde. Wie die Geschichte gezeigt hat, entspricht der sich selbst verstärkende Effekt, der die Entwicklung von Verhandlungsprozessen bestimmt, der allgemeinen Tendenz zu einer Verstärkung der Ungleichheit. Hierbei handelt es sich um keine ununterbrochene Entwicklung, als stilisiertes Faktum auf hohem Abstraktionsniveau fasst sie die generelle Tendenz jedoch sehr gut zusammen. Die große Ausnahme stellt die verringerte Ungleichheit vom späten 19. Jahrhundert bis in die 1970er-Jahre dar. Jedoch ist diese Abweichung vom allgemeinen Muster kein Mysterium. Die Erklärung liegt in der Gründung der Gewerkschaften und im allgemeinen Stimmrecht. Mit den Gewerkschaften erhielten die Kapitaleigner einen einigermaßen ebenbürtigen Gegner, was die Bedingungen der Lohnverhandlungen veränderte. Mit dem allgemeinen Stimmrecht bekam die Mehrzahl der Bevölkerung die Möglichkeit zur Entwicklung eines öffentlichen Sektors, der allen, unabhängig von sozialem Hintergrund und ökonomischen Möglichkeiten, Zugang zu Erziehung, Gesundheitsfürsorge, Sozialversicherungen und anderen grundlegenden Dienstleistungen gewährte. Die hauptsächlich aus Steuern finanzierte Expansion des öffentlichen Sektors nach dem Zweiten Weltkrieg bot eine Möglichkeit, die natürliche Tendenz zu einer steigenden Ungleichheit, die dem Verhandlungsspiel selbst innewohnt, auszugleichen.

Die Gründung von Gewerkschaften und der Kampf um ein allgemeines Wahlrecht ist an sich ein Problem für die allgemeine Rationalitätstheorie, da das, was ein einzelner Gewerkschaftsaktivist oder eine Suffragette durch ihr Engagement gewinnt, selten den jeweiligen Arbeitseinsatz aufwiegt. Dies aber ist eher ein Problem der Rationalitätstheorie als des Verhandlungsmodells.

Der Grund für die Rückkehr der Tendenz zu gesteigerter Ungleichheit in den 1970er-Jahren erklärt sich – einfach ausgedrückt – mit der Globalisierung. Die Entwicklung der Transport- und Kommunikationssysteme führten zu einer raschen Integration nationaler und regionaler Märkte in einen globalen Markt. Systeme, wie sie im 20. Jahrhundert für eine gleichmäßige Verteilung des verfügbaren Einkommens mithilfe von Steuern und Transferleistungen entwickelt wurden, sind hauptsächlich national ausgerichtet, die Globalisierung hat vor allem den Handlungsspielraum des Kapitals vergrößert. Kapital wird mithilfe eines Telefongesprächs oder ein paar Anschlägen auf einer Tastatur bewegt, während es sich bei gewerkschaftlicher Koordination und einer Angleichung der Gesetzgebung über Landesgrenzen und Kontinente um einen zeitraubenden, komplizierten Prozess handelt.

Es ist also keineswegs so, dass die politische Rechte in der zweiten Hälfte des 20. Jahrhunderts mit neuen, starken Argumenten gegen eine gleichmäßige Verteilung gesellschaftlicher Ressourcen aufwartete. Die ab den 1970er-Jahren einsetzende zunehmende Ungleichheit war das Resultat externer technischer und wirtschaftlicher Veränderungen. Der ideologische Umschwung war eine Bestätigung dieser Veränderungen und nicht ihr Ursprung.

Die Brücke zwischen Sein und Soll[7]

Verhandlungen, die für die menschlichen Gesellschaften aller Stufen fundamentale Bedeutung haben, sind also instabil. Es gibt kein stabiles Gleichgewicht mit einer plausiblen gleichwertigen Verteilung der Ressourcen einer Gesellschaft. Sind diese Fakten aber relevant für eine ideologische Diskussion? David Hume hat bewiesen, dass Tatsachen sich qualitativ von Bewertungen unterscheiden; Empfehlungen lassen sich nicht aus einer Tatsachensammlung herleiten, ein *Soll* nicht von einem *Sein*. Die moderne logische Wissenschaft hat seinen Schluss bestätigt, es bedarf eines *Überbrückungsprinzips*, wenn man Tatsachen mit Empfehlungen verbinden will.[8]

Humes Beobachtung berücksichtigt nicht, dass manche Tatsachen leichter zu Empfehlungen führen als andere. Wenn eine Besuchergruppe ein Haus besucht und die Information erhält, dass dieses Haus 1752 errichtet wurde, gibt das nicht Anlass, in gewisser Weise zu handeln. Stürzt jemand in das Zimmer, in dem sie sich befinden, und ruft »Das Haus brennt!«, ist das nach wie vor eine Tatsache. Im Unterschied zur ersten Feststellung führt sie jedoch zu einem normativen Schluss, nämlich dass die Besucher das Haus so schnell wie möglich verlassen sollten. Die implizite Bewertung, die den Schluss ermöglicht, wie man handeln sollte – das Überbrückungsprinzip –, besteht darin, dass die Besucher diesen Tag überleben wollen, was als selbstverständlich gilt. Eben auf diese Weise sollte die Beziehung zwischen den vorangegangen, Schlussfolgerungen und den Ideologien interpretiert werden. Was manche ideologischen Positionen eher hinnehmbar erscheinen lässt als andere.

5 Die Kunst des Fliegens

Verhandlungen, ein zentrales Element jeder menschlichen Gesellschaft, in allen Sphären und auf jedem Niveau, leiden unter einer ihnen innewohnenden Instabilität. Machtunterschiede, die sich mit unterschiedlicher Verhandlungsstärke erklären, zeigen die Tendenz, als Resultat der dem Verhandlungsprozess eigenen Dynamik verstärkt zu werden. Das ist ein simples Faktum, das weder in der politischen Philosophie noch in der politischen Praxis umgangen werden kann. Instabile Systeme sind problematisch, sind jedoch in den meisten Fällen zu beherrschen. In technischen Zusammenhängen kann Instabilität sogar bewusst zum Teil des Entwurfs werden. Erfahrungen mit der Stabilisierung instabiler technischer Systeme haben sogar eine gewisse Relevanz für die politisch-philosophische Diskussion.

Am 17. Dezember 1903 hoben die Brüder Wilbur und Orville Wright von einem Feld bei Kitty Hawk in North Carolina mit einem eigenständigen Fahrzeug, das schwerer war als Luft, zum ersten bemannten Flug in der Geschichte der Menschheit ab.[1] Nach einigen kurzen Flügen, bei denen sich die Brüder abwechselten, gelang es Wilbur um die Mittagszeit, die Maschine auf einer Strecke von 250 Metern in der Luft zu halten. Die Worte Orvilles charakterisieren diesen bescheidenen Anfang:

> »Es war gleichwohl das erste Mal in der Weltgeschichte, dass eine Maschine mit einem Menschen an Bord aus eigener Kraft vom Boden abgehoben hatte und geradeaus geflogen war, ohne an Geschwindigkeit einzubüßen, um schließlich auf demselben Niveau, auf dem es gestartet war, zu landen.«[2]

Das Ereignis hatte enorme Auswirkungen für weit auseinanderliegende Gebiete, wie die Sicherheitspolitik, den internationalen Handel und die Verbreitung ansteckender Krankheiten, um nur einige zu nennen.[3] Die Geschichte, wie der Mensch fliegen lernte, bietet ein reiches Reservoir an Erkenntnissen hinsichtlich des Kenntniserwerbs und der Entwurfsprinzipien.

Die Brüder Wright waren mit ihren Ambitionen nicht allein. Sowohl in den Vereinigten Staaten wie in anderen Ländern arbeiteten Erfinder um die Jahrhundertwende hart daran, als Erste mit einem Fahrzeug, das schwerer war als Luft, aufzusteigen. Hauptkonkurrent in den USA war eine von Samuel Pierpont Langley, dem einflussreichen Chef des Smithsonian Institutes in Washington, geleitete Gruppe. Langleys Gruppe war es im Mai 1896 fast gelungen, ein unbemanntes Flugzeug in die Luft zu schicken, und sie konnte die Bundesregierung überzeugen, den damals ansehnlichen Betrag von zunächst 25 000 Dollar für eine Förderung des Projektes ins Budget einzustellen. Nach vielen Schwierigkeiten und Fehlschlägen wurden am 7. Oktober und am 8. Dezember 1903 zwei Testflüge unternommen. Beide endeten katastrophal: Das Aerodrome, wie es genannt wurde, stürzte unmittelbar nach dem Verlassen der Startrampe in den Potomac River. Zehn Tage nach dem zweiten Versuch waren die Brüder Wright mit ihrer Flugmaschine in der Luft.

Die Brüder Wright bei Kitty Hawk am 17. Dezember 1903. Foto: John T. Daniels. Library of Congress, Washington D.C.

Warum hatten die Brüder Wright Erfolg, während Langleys Gruppe einen Fehlschlag erlitt? Völlig klar ist, dass das nichts mit den zur Verfügung stehenden Mitteln zu tun hatte. Das Bundesprogramm kostete bis zu seiner Einstellung ungefähr 70 000 Dollar. Wilbur Wright schätzte die Kosten der Wrights auf weniger als 1 000 Dollar. Große Ressourcen sind keine Erfolgsgarantie.

Während der gesamten Laufzeit des Projekts war Langley von dem Ehrgeiz besessen, einen effektiven Motor zu entwickeln, dessen Leistung nach Pferdestärke pro Kilogramm Motorengewicht gemessen wurde. Sein äußerst kompetenter Chefingenieur baute schließlich einen Motor ein, der weniger als 90 Kilogramm wog, aber 50 PS lieferte. Mit weniger als zwei Kilogramm pro PS und viermal effektiver als der Motor der Brüder Wright, war es der bei Weitem höchstentwickelte Motor, der damals bei der Entwicklung von Flugmaschinen eingesetzt wurde.

Während Langleys Motor ein glänzendes Beispiel der Ingenieurskunst darstellte, ließ der Entwurf des Flugzeugs selbst zu wünschen übrig. Langley hielt an der Konstruktion von 1896 fest, die eine gewisse Ähnlichkeit mit einer riesigen Libelle aufwies. Die gebogenen Flügel waren von Vogelflügeln inspiriert, waren aber nicht in systematischen Tests entwickelt worden. Langley war davon überzeugt, dass die Maschine fliegen würde, wenn nur der Motor gut genug war.

Die Wrights gingen das Problem von einer völlig anderen Seite an. Sie begannen mit dem Bau von Drachen und machten sich mithilfe von *trial and error* mit der Aerodynamik vertraut. Die Kenntnisse, auf denen sie aufbauten, stammten hauptsächlich von Otto Lilienthal, der mit Hängegleitern experimentiert hatte, jedoch 1896 bei einem Versuch ums Leben gekommen war. Lilienthal seinerseits hatte sich der aerodynamischen Untersuchungen des britischen Ingenieurs John Smeaton im 18. Jahrhundert bedient. Da die Ergebnisse Lilienthals den Ansprüchen der Gebrüder Wright schließlich nicht mehr genügten, unternahmen sie in ihrer eigenen Werkstatt Experimente in kleinem Rahmen, um die optimale Flügelform zu entwickeln. In zahlreichen Versuchen lernten sie, wie man Einfluss auf die Flughöhe nehmen und wie man wenden konnte. Erst als sie die aerodynamische Form für abgeschlossen hielten, begannen sie mit der Arbeit am Motor. Sie nahmen Verbindung mit einigen Herstellern auf und trugen ihnen ihre Vorgaben bezüglich Leistung und Gewicht vor, die erheblich bescheidener waren als die der Langleys. Mit der Reaktion unzufrieden, beschlossen sie jedoch, ihren eigenen Motor mithilfe von Teilen aus der örtlichen Gießerei zu bauen. Der Motor wurde installiert und dann konnte man abheben.

Die erste Lehre aus Kitty Hawk lautet, dass der Erfolg mit dem Verstehen des Systems steht und fällt, das man beeinflussen möchte: wie sich das System verhält und worin seine Dynamik und seine Eigenheiten bestehen. Langley hatte selbstverständlich recht mit der Annahme, dass die Erfüllung gewisser Minimalanforderungen an die Effektivität des Motors dafür sorgen, dass ein Flugzeug abhebt. Er war aber im Irrtum, wenn er annahm, dies sei die stärkste Restriktion bei der Konstruktion eines Flugzeugs. Die Wrights erkannten, dass sie es im Grunde mit einem aerodynamischen Problem zu tun hatten, und gaben seiner Lösung den Vorrang. Erst als sie den nahezu perfekt zu manövrierenden Drachen entwickelt hatten, begannen sie, sich mit dem Motor zu beschäftigen.

Es gibt noch eine zweite spezifische Lehre, die aus dem Gestaltungsprinzip gezogen werden kann. Die meisten Vorgänger der Wrights, die sich mit der Konstruktion von Gleitern und Flugzeugen beschäftigten, hatten mit Modellen gearbeitet, die sich gegenüber einem Abkippen stabil verhielten – das heißt dem Winkel zwischen der Längsachse des Flugzeugs und der Horizontalfläche. Ein stabiles Flugzeug kehrt nach Störung des Kippwinkels zum erwünschten Winkel zurück. Die Brüder Wright hingegen gestanden ihrem Flugzeug Instabilität zu und erreichten damit, dass es sich so manövrieren ließ, wie das zum Fliegen erforderlich war. Jedoch hatte die Konstruktion ihren Preis: Der Pilot stand unter anhaltendem Stress, weil er das Höhenruder ständig justieren musste, um das Flugzeug in gleichbleibender Höhe zu halten. Wilbur Wright kommentierte die ständige Notwendigkeit zu üben:

> »Die Fertigkeit stellt sich mit der ständigen Wiederholung wohlbekannter Handgriffe ein, worauf der Pilot noch nicht gänzlich vorbereitet ist [...] Tausendmal Gleiten entspricht ungefähr vier Stunden effektiver Flugübung, viel zu wenig, damit jemand die Kunst des Fliegens völlig beherrschen kann.«[4]

Um den Piloten von dieser ermüdenden Aufgabe zu entlasten, war die Entwicklung eines Autopiloten notwendig, der fortwährend Ausgleichsbewegungen ausführt, um das Flugzeug horizontal auf gleichbleibender Höhe zu halten.[5] Dieser Beitrag stammte von Elmer Sperry, einem der erfolgreichsten Ingenieure der USA zu jener Zeit, der auf viele Erfindungen im Navigationsbereich zurückblicken konnte. Nicht ganz zehn Jahre nach Kitty Hawk hatte er einen Autopiloten entwickelt, der in Paris vorgeführt wurde. Mit Sperrys Autopilot ließ sich die Aufgabe des Piloten auf die Einstellung von Kurs, Höhe und Geschwindigkeit reduzieren, anschließend wurden die Kommandos von einem Servoantrieb übernommen.[6]

Ein Autopilot arbeitet auf der Basis der Messung von Winkeln, Geschwindigkeit und anderen wichtigen Variablen. Das wichtige Prinzip besteht im Feedback (zu Deutsch: Rückkopplung), der ständigen Messung zumindest einiger Variablen, die den Zustand des Systems beschreiben. Dies trifft auch zu, wenn das zu regulierende System stabil ist, denn jeder Versuch, ein Fahrzeug zum endgültigen Bestimmungsort steuern zu wollen, indem man lediglich am Startpunkt den Kurs einstellt und hofft, diese Information werde genügen – in der Ingenieurssprache *Feedforward* (Vorsteuerung) genannt –, ist zum Scheitern verurteilt. Das Fahrzeug wird unter dem Einfluss nicht vorhersehbarer Störungen auf seinem Weg vom festgelegten Kurs abkommen.

Ist das zu lenkende System instabil, werden solche Versuche sehr wahrscheinlich in einer Katastrophe enden. Mit einer unveränderlichen Einstellung des Höhenruders wird das Flugzeug der Gebrüder Wright entweder zu Boden sinken oder sich aufbäumen – beides würde gegebenenfalls in einer Havarie enden. Konstantes Messen und ein Feedback des Kippwinkels sind der Schlüssel für einen erfolgreichen Flug.

Stabilität in einer unsicheren Welt

Die Kunst des Fliegens unterscheidet sich von politischer Philosophie und praktischer Politik. Gleichwohl sind die Erfahrungen von Kitty Hawk relevant. Auf allen drei Gebieten ist es wichtig, das System zu kennen, das man zu beeinflussen wünscht. Die Gesellschaftswissenschaften hinken der Physik hinsichtlich theoretischer Stärke und Aussagekraft weit hinterher, andererseits aber hat sich die moderne Physik sehr weit von dem entfernt, was zu den Zeiten der Brüder Wright bekannt war. Die Brüder Wright erkannten die Notwendigkeit, unter zugänglichen Theorien und Daten auszuwählen und das Beste aus ihrem Material zu machen. In der praktischen Politik und der politischen Philosophie ist die Situation anders. Klassischen Philosophen wie Hobbes und Locke stand keine Gesellschaftswissenschaft zur Verfügung, sie bedienten sich ihrer eigenen praktischen Vernunft und ergänzten sie mit einzelnen Elementen aus Berichten über ferne Länder. Die Gesellschaftswissenschaften haben sich entwickelt, Philosophie und Praxis aber blieben von der Entwicklung relativ unbeeinflusst, sie verharren in vielerlei Hinsicht in ihrem vorwissenschaftlichen Zustand. Keynes bemerkte einmal, dass die Männer der Praxis, die sich frei von jeder intellektuellen Abhängigkeit wähnen, in Wirklichkeit die Sklaven irgendeines verblichenen Wirtschaftswissenschaftlers sind, und mancher politische Philosoph gleicht ihnen in dieser Hinsicht.[7]

Die politische Praxis hat sich entwickelt, insbesondere auf ökonomischem Gebiet, da die Ökonomen den Fokus aber auf den Markt gerichtet haben, ist es zu einer starken Schlagseite zwischen Gesellschaftswissenschaften und Politik gekommen. Noch stärker als die politische Philosophie leidet auch die Politik unter *selektiver Wahrnehmung:* Entscheidungsträger bevorzugen Forschungsergebnisse, die ihre jeweiligen Positionen unterstützen (oder von denen sie glauben, sie unterstützten sie).

Instabilität kann spontan, oder, wie wir am Beispiel der Brüder Wright gesehen haben, als Resultat eines bewussten Entwurfs entstehen.[8] In diesem Fall war das Motiv die Schaffung eines Fahrzeugs, das zufriedenstellend zu manövrieren war. Ganz unabhängig von ihrem Ursprung muss Instabilität bewältigt werden und die Techniken hierfür sind wohlbekannt. Das zentrale Instrument ist also das Feedback, das heißt eine Maßnahme, welche die Eigenbewegung des Systems weg vom gewünschten Gleichgewicht kompensiert. Diese Maßnahme muss natürlich in eine Richtung verlaufen, die der, in der sich das System selbst bewegt, entgegensteuert; das Feedback muss *negativ* sein. Außerdem muss sie auf Messungen des aktuellen Systemzustands beruhen. Wie wir an den technischen Beispielen erkannt haben, ist es unmöglich, die Stabilisierung auf einem im Voraus berechneten Programm ohne kontinuierliche Beobachtung der Position des Systems aufzubauen.

Wir nähern uns hier einem Bereich, der sowohl für die Moralphilosophie und die politische Philosophie und indirekt auch für die praktische Politik relevant ist. Worüber moralische Aussagen handeln sollen, wurde in der Philosophie lange diskutiert.[9] Sollen sie etwas über den Zustand der Welt aussagen oder über die Handlungen, die zu diesem Zustand geführt haben? Der Wert einer Handlung kann für sich oder auf der Basis ihrer Konsequenzen bewertet werden. In seinem Buch *Anarchie, Staat, Utopie* trifft Robert Nozick eine ähnliche Unterscheidung und trennt zwischen historischen Prinzipien und ergebnisorientierten Prinzipien in der politischen Philosophie.

Unter einer evolutionären Perspektive ist diese Frage vergleichsweise einfach zu beantworten:[10] Normen entstehen aus problematischen Situationen, um bestimmte, sozial wünschenswerte Handlungen wahrscheinlicher zu machen, als wenn es diese Norm nicht gäbe. Eine bestimmte soziale Handlung wird sozial angeregt, wenn sie mit hoher Wahrscheinlichkeit zum sozial wünschenswerten Ergebnis führt, im entgegengesetzten Fall wird sie verboten. Die Norm, dass man die Wahrheit sagen soll, ist erforderlich, um der individuellen Versuchung entgegenzuwirken, zu lügen, wenn es einen selbst begünstigt; die Sprache würde ihren Wert als Kommunikationsmittel einbüßen, wenn man sich nicht darauf verlassen kann, dass das Gesagte wahr ist. Selbst wenn sich Situationen konstruieren könnte, in denen es als moralisch korrekt gelten kann zu lügen, führt die Wahrheits-Norm in den allermeisten Fällen zu einem besseren Resultat. Eine bestimmte Handlung oder ein Handlungsprinzip kann also nur auf der Basis einer Bewertung des Zustandes, zu dem es im Allgemeinen führt, zu einem moralischen Ideal erhoben werden. Auf Regeln oder Prinzipien beruhende moralische Systeme sind damit ebenso von sozialen Ergebnissen abhängig wie Systeme, die von Konsequenzen abhängig sind, selbst wenn es sich um eine eher indirekte als direkte Abhängigkeit handelt.

Moralische Normen und andere Verhaltenscodes sind erforderlich, um das Individuum von der unzumutbaren Last zu befreien, im Alltagsleben die Konsequenzen jeder einzelnen Handlung vorherzusehen und zu bewerten.[11] Andererseits bergen Normen natürlich Risiken in sich. Jede Bewertung eines Verhaltenscodes beruht auf einer begrenzten Anzahl von Fällen und deshalb ist die Bewertung notwendigerweise provisorisch. Selbst wenn die Norm auf langer Erfahrung beruht, ist sie eine Schablone; wie im oben angeführten Beispiel der Wahrheits-Norm wird sie bisweilen zum falschen Ergebnis führen.

Die Parallele zu Nozicks Unterscheidung zwischen ergebnisorientierten und historischen Prinzipien im politischen Denken ist offensichtlich. Regeln und Institutionen sind Abkürzungen, die uns dabei helfen, zwischen wünschenswerten und nicht wünschenswerten Entscheidungen und Maßnahmen zu unterscheiden. Da alles politisch-philosophische Denken und jede konstitutionelle Diskussion bei Weitem nicht perfekt sind, müssen wir ständig die soziale Entwicklung verfolgen und sie auf die zugrunde liegenden Ideale beziehen. Der Versuch, ein politisch-philosophisches Ideal oder eine Konstitution auf eine im Voraus vorgenommene Analyse zu beziehen, entspricht dem Versuch, ein technisches System lediglich mithilfe von Feedforward zu steuern, und ist deshalb zum Scheitern verurteilt. Nozicks Argumenten für historische Prinzipien und Regellenkung fehlt diese wichtige Erkenntnis. Im unwegsamen Gelände der politischen Philosophie sind ausgesprochene Fehler selten, dies ist eine Ausnahme.

Zwei wichtige Beispiele für misslungene soziale Verträge können illustrieren, dass es unmöglich ist, auf im Voraus festgelegte Regeln beruhende Übereinkünfte zu treffen. Beide tragen zur Erklärung der elenden Lebensverhältnisse des größten Teils der europäischen Bevölkerung im Mittelalter bei. Im Austausch gegen militärischen Schutz vor äußeren Feinden wurde dem Adel Steuerbefreiung angeboten. Da sie in ihrer Schlichtheit attraktiv war, ging dieser Entscheidung keine gründlichere Untersuchung voraus. Hierzu kam es in Europa zu unterschiedlichen Zeiten, das Vorgehen war das gleiche. Der Vertrag bereitete den Weg für eine ungehemmte Anhäufung von Reichtum bei wenigen, da die Aktiva, die der Adel sich aneignete, nicht in die übrige Gesellschaft zurückflossen. Das Monopol auf legitime Gewalt, das der Vertrag dem Adel in der Praxis zugestand, ließ sich natürlich auch *gegen* jene anwenden, die bezweifelten, dass der

Adel seinen Teil der Vereinbarung erfüllte, und dies war auch der Fall.

Die Position der Kirche war ähnlich.[12] Als ein Teil des Vertrags, der recht früh in der Geschichte der Kirche geschlossen wurde, wurde der Priesterschaft das Recht auf einen Zehnten eingeräumt, wofür sie die Verbindung zur göttlichen Sphäre aufrechtzuerhalten und außerdem eine Art Fürsorge zu leisten hatte. Der Zehnte kam aus dem Judentum und es dauerte einige Zeit, bis er von der christlichen Kirche akzeptiert wurde. Ein Steueranteil von zehn Prozent mag angemessen erscheinen, es wurde aber nicht näher untersucht, ob acht oder zwölf Prozent womöglich besser gewesen wären. Die Angemessenheit der Steuerquote für die verrichteten Dienste ließ sich nicht infrage stellen, als die Kirche als weltliche Macht mit weitgehenden politischen Ambitionen wohletabliert war und bisweilen auch in einer unsicheren Allianz mit dem Adel ihre Mittel mit Gewalt gegen ihre Kritiker einsetzte.

Beide Beispiele sind historisch wichtige Illustrationen dafür, dass die Herausbildung von Regeln ohne Korrekturmechanismen zu unbeabsichtigten, unerwünschten Konsequenzen führt.[13] Ein Feedback des sozialen Zustandes ist notwendig, soll jede gesellschaftliche Entwicklung innerhalb angemessener Grenzen gehalten werden.

Eine wichtige Erkenntnis für die politische Diskussion ist, dass eine Vorgehensweise oder ein Steuermechanismus, der eingerichtet wurde, um das System in der Nähe eines wünschenswerten sozialen Zustandes zu halten, niemals perfekt ausfällt. Ständig ist das System Störungen aus unterschiedlichen Richtungen ausgesetzt und Unzulänglichkeiten des Entwurfs sind dafür verantwortlich, dass Störungen nicht völlig zu eliminieren sind. Einen Mechanismus, der zum Umgang mit bestimmten Störungen entwickelt wurde, aktiviert man erst mit dem Auftreten solcher Störungen. Ebenso kann eine Verteilungspolitik zur Dämpfung von Effekten der Ungleichheit, die aus der Instabilität der Verhandlungsprozesse entstehen, ausgebildet werden, die sie jedoch nicht völlig eliminieren kann und dieses Ziel auch nicht haben sollte.

6 Zurück zum Sozialkontrakt

Theorien über den Sozialkontrakt nahmen während mehr als zwei Jahrtausenden eine zentrale Position in der politischen Philosophie ein, wobei es an Kritikern nicht fehlte. David Hume schrieb 1742 in einem Essay mit dem Titel *Über den ursprünglichen Kontrakt:*

> »Das andere Lager, das die Regierungsmacht voll und ganz auf Zustimmung des VOLKES gründet, nimmt an, es gäbe irgendeinen *ursprünglichen* Kontrakt, durch den Untertanen ihre Macht des Widerstands gegen den Herrscher behalten, wann immer sie sich von jener Autorität gekränkt fühlen, die sie ihm freiwillig für gewisse Zwecke abgetreten haben. […] Doch jener Kontrakt, auf dem Regierung beruht und es heißt, es solle sich bei ihm um den *ursprünglichen Kontrakt* handeln, ist folglich zu alt, um der jetzigen Generation bekannt zu sein. Meint man nun damit jenen Kontrakt, durch den wilde Menschen sich zuerst zusammentaten und ihre Kräfte verbanden, so besitzt das seine Richtigkeit Da er freilich so alt und durch Tausende Regierungswechsel ausgelöscht wurde, ist nicht anzunehmen, dass er noch etwas von seiner Autorität besitzt.«[1]

Hume betrachtet den Sozialkontrakt als Fiktion. Falls er aber eine Fiktion ist, ist es offenbar eine Fiktion mit Kraft. Hinter der Kritik steht vermutlich im Fall Humes und anderer konservativer Denker ein ideologischer Reflex. In der Situation, die man sich vor der Unterzeichnung des Vertrags vorstellt, sollen schließlich alle Individuen gleich sein, zumindest soweit es die Vertragsunterzeichnung selbst betrifft. Alle sind mit einem grundlegenden intellektuellen und moralischen Leistungsvermögen ausgestattet und alle haben das gleiche Recht, den Vertrag abzulehnen, falls er nicht angemessene Forderungen erhebt. Dieser fundamental egalitäre Ausgangspunkt kann natürlich von denjenigen als störend betrachtet werden, die bestimmte Gruppen von Natur aus für berufen zur Führung einer Gesellschaft halten, ganz unabhängig davon, mit welchen Vorzügen man nun solche Privilegien begründen will.

Moderne, auf der Spiel- und Verhandlungstheorie gegründete Versionen können zwar ebenfalls aus methodologischen Gründen kritisiert werden. Ein derart kompliziertes Problem, wie einen Sozialvertrag, mithilfe stark vereinfachter Modelle in Angriff zu nehmen gilt bisweilen als rein pathetisch. Andererseits kann die Komplexität als Argument für formale Modelle gelten, die zumindest eine gewisse innere Konsistenz der Beschreibung garantieren. Die Alternative – eine verbale Argumentation ohne die Unterstützung eines formalen Modells – birgt schließlich ebenfalls ihre Risiken in sich.

Klassisches und mittelalterliches Denken

Als sich die historische Szene in der Periode des Hellenismus veränderte, wurde eine Alternative zu Platons Vorstellung von einer regierenden Elite gebraucht. Aristoteles erweiterte den politischen Raum um die obere Mittelklasse. Auf lange Sicht wichtiger wurde die Alternative, die von den Epikureern, den Zynikern und Stoikern vorgeschlagen wurde – das *Individuum* unabhängig von Nation, Klasse und religiöser Überzeugung. Der Stoiker Chrysippos schloss sogar die Sklaven in die Gemeinschaft ein, indem er sie als lebenslang vertraglich gebundene Arbeitskräfte definierte. Aus dieser Ära stammt der Begriff der *Oikumene,* eine globale, Menschheit genannte Gemeinschaft, sowie eine entwickelte Theorie für grundlegend zu definierende Rechte und Pflichten, die auf einem abstrakten Niveau für alle gleich sind.

Das Naturrecht – die Vorstellung, dass der Mensch unveräußerliche Rechte besitzt – ist jedoch älter. In der *Antigone* des Sophokles verteidigt die Hauptperson ein Recht, das höhere Gültigkeit besitzt als der Befehl König Kreons:

»Auch dacht ich nicht, es sei dein Ausgebot so sehr viel,
Daß eins, das sterben muß, die ungeschriebnen drüber,
Die festen Satzungen im Himmel brechen sollte.
Nicht heut und gestern nur, die leben immer,
Und niemand weiß, woher sie sind gekommen.«

In der bekanntesten epikureischen Quellenschrift *De rerum natura* (Über die Natur der Dinge) des Lukrez findet man zahlreiche Bausteine der modernen Vertragstheorie: die Bedeutung der natürlichen Triebe, den Sozialvertrag als Lösung des Problems von Konflikten zwischen Individuen, eine frühe Version einer evolutionären Theorie der Gesellschaftsentwicklung und auch eine stoische Version des Naturgesetzes.

Der epikureische Vertrag wird symbolisch von einer Gruppe Individuen abgeschlossen, die auf einen Teil ihrer naturgegebenen Grundrechte verzichten, um die Voraussetzung für eine friedliche Koexistenz zu schaffen. Die souveräne Macht, an die man den Handlungsspielraum abtritt, ist völlig abwesend und eine göttliche Autorität wird in die Diskussion nicht einbezogen. Die Denker des Mittelalters stellten ihre Diskussion ganz einfach in einen religiösen Rahmen. Gegen Ende des 11. Jahrhunderts formulierte Manegold von Lautenbach eine Theorie der politischen Legitimität. Manegolds Ziel war die Definition des Unterschieds zwischen einem König und einem Tyrannen und eine Entscheidung, welche Pflichten die Bürger gegenüber einem Tyrannen haben. Seine Antwort lautete, dass niemand sich zum König oder Kaiser machen kann, die Autorität wird ihm vielmehr von denen übertragen, über die er regieren soll. Verstößt der Souverän gegen den impliziten Vertrag, aufgrund dessen er gewählt wurde, indem er das, was er verwalten soll, zerstört, ist das Volk von seiner Gehorsamspflicht befreit. Ein Tyrann kann und soll abgesetzt werden.

Manegolds Theorie besaß hinreichende Flexibilität, um nicht als ketzerisch abgestempelt zu werden. Ein stillschweigender Vertrag zwischen einem König und dem Volk widerspricht nicht unbedingt der Vorstellung, dass die Monarchie göttlichen Ursprungs ist. Andererseits fällt auf, dass die göttliche Autorität in der Kontraktdiskussion fehlt. Der Segen der Kirche ist keine Voraussetzung für die Legitimität des Vertrags. Als das philosophische Erbe der Griechen durch arabische Vermittlung im mittelalterlichen Europa bekannt wurde, eröffnete sich die Möglichkeit (oder je nach der Perspektive: das Risiko), dass die Zivilgesellschaft Gesetz und Moral auf säkularer Grundlage formulieren konnte. Marsilius von Padua äußerte diese Idee in seinem 1324 veröffentlichten Hauptwerk *Defensor pacis* (Verteidiger des Friedens) und argumentierte auf der Basis seiner nichtreligiösen Interpretation der griechischen Tradition, dass die Macht der Kirche zu begrenzen sei. Vernunft und Glauben seien auseinanderzuhalten und ein Leben entsprechend einer vorchristlichen Moral, das auf gesunder Vernunft aufgebaut sei, müsse als ausreichend für eine Erlösung gelten. Die Aufgabe der Priesterschaft wurde auf den Unterricht und auf eine allgemeine moralische Anleitung beschränkt. Die Legitimität der weltlichen Macht wird nicht von der göttlichen Macht hergeleitet, sondern steht zu ihr im Widerspruch. Hierbei sei der weltlichen Macht der Vorzug zu geben, damit sie ihre wichtigste Funktion zu erfüllen vermag – die Gesellschaft vor dem Verfall zu bewahren.

Marsilius war seiner Zeit weit voraus. Die meisten mittelalterlichen Denker waren in ihrer Ausdrucksweise vorsichtiger. Nach den internen kirchlichen Auseinandersetzungen im 14. Jahrhundert kam es jedoch auch zu interessanten Beiträgen aus dem katholischen Lager. Einen wichtigen Beitrag lieferte Nicholas von Kues mit *De concordantia catholica* (Über die allumfassende Eintracht), das 1433/34 beim Basler Konzil vorgelegt wurde. Interessant ist Nicholas' Text wegen seines Umgangs mit dem Autoritätsproblem bei der Diskussion, wie Einigkeit innerhalb der Kirche zu erreichen sei. Seine Botschaft lautet, dass Verständigung die Grundlage jeder Regierung ist:

> »Infolgedessen – da alle Menschen nach der Natur frei sind – beruht jede Autorität, die unter Strafandrohung die Untertanen daran hindert, Böses zu tun, und ihre Freiheit darauf beschränkt, Gutes zu tun, mag sie auf geschriebenen oder gelebten Gesetzen in der Person des Herrschers beruhen, ausschließlich auf Harmonie und dem Einverständnis der Untertanen. Denn wenn die Menschen nach ihrer Natur gleich stark und gleich frei sind, was auch für

den Herrscher zutrifft, kann jemand nur durch Wahl und Zustimmung Macht über einen anderen erlangen, so wie auch die Gesetze auf Zustimmung beruhen.«[2]

Moderne Theorien

Als die Philosophen der Renaissance sich die Aufgabe stellten, ein neues moralisches und politisches System zu entwickeln, das die mittelalterliche Scholastik ablösen sollte, war die hellenistische Tradition der natürliche Ausgangspunkt, sowohl in ihren konstruktiven Teilen – Naturrecht und Sozialvertrag – wie in ihren kritischen. Ein einziges Prinzip überlebte die kritische Überprüfung: das Recht zur Selbsterhaltung. Diese Idee findet sich zum Beispiel in den Essays Montaignes und später bei Justus Lipsius. Der Mensch versucht, Leib und Leben zu verteidigen, und er besitzt das Recht hierzu. Der letzte wichtige Beitrag vor Hobbes stammte von Hugo Grotius, dessen *De jure belli ac pacis* (Über das Recht des Krieges und des Friedens) 1625 erschien. Grotius' Hauptinteresse galt eher dem Umgang der Nationen miteinander als dem der Individuen, die Struktur ist jedoch die gleiche und die Diskussion ähnlich. Grotius trug zur Säkularisierung des Naturrechtes bei, indem er an die Stoiker und Karneades anknüpfte. Grotius' Antwort auf Karneades lautete, dass die gemeinsame Grundlage aller Rechtssysteme die menschliche Natur sein solle und dass ein wichtiger Teil das Streben nach einer friedlichen, wohlgeordneten Gesellschaft ist. Die Lösung des Problems hat also nichts mit der christlichen Lehre zu tun. Grotius besaß sogar die Kühnheit, zu behaupten, dass es für den Bestand des Naturrechts keine nachteiligen Folgen hätte, wenn es (hypothetisch) keinen Gott gäbe. Ebenso wenig wie sich mathematische

Wahrheiten anzweifeln lassen, könne auch der Inhalt des Naturrechts nicht beeinflusst werden.

Thomas Hobbes folgte bei der Abfassung seines *Leviathans* also einem gebahnten Pfad. In seinem älteren, 1642 erschienenen Buch *De cive* hatte er etwas vermessen und – fälschlicherweise – behauptet, der Gründer der politischen Philosophie zu sein. Weder die Fragen, die Hobbes stellte, noch die Antworten, die er gab, waren völlig neu. Die Methode aber, mit der er fragte, und die Klarheit seiner Antworten waren so radikal, dass selbst die zeitgenössischen konservativen Leser, die diese Antworten billigten, zurückschreckten. Völlig zutreffend hatte man bereits die Vorahnung, dass sich seine intellektuellen Werkzeuge zu anderen Zwecken nutzen ließen und dann unkontrollierbare Kräfte freisetzen könnten. Robert Filmer, Royalist und später Zielscheibe der Kritik Lockes, kommentierte den *Leviathan* mit den Worten: »Es mag seltsam erscheinen, dass ich sein Bauwerk preise, dessen Fundament jedoch missbillige – aber es ist so.«[3]

Bei seiner Veröffentlichung im Jahr 1651, in einem von religiösen und politischen Konflikten zerrissenen Europa, führte der *Leviathan* die moderne Vertragstheorie ein. In diesem Zusammenhang müssen zwei Tatsachen unterstrichen werden. Zum Ersten wird Hobbes' Name häufig mit autoritären oder totalitären Systemen in Verbindung gebracht, die nicht nur innere und äußere Konflikte kontrollieren, sondern auch Ideen und Ansichten der Staatsbürger. Bei jedem Vertrag gibt es jedoch Partner und wenn einer dieser Partner die Bedingungen verletzt, hat der andere Partner die Freiheit, den Vertrag zu makulieren. In diesem Punkt ist Hobbes sehr deutlich:

> »Die Verpflichtung der Bürger gegen den Oberherrn kann nur so lange dauern, als derselbe imstande ist, die Bürger zu schützen; denn das natürliche Recht der Menschen, sich

selbst zu schützen, im Fall dies kein anderer tun kann, wird durch keinen Vertrag vernichtet. Der Oberherr ist gleichsam die Seele des Staats; sobald aber die Seele vom Körper getrennt ist, vermag sie auch die Glieder desselben nicht mehr zu bewegen. Der Zweck des Gehorsams ist Schutz; je nachdem man nun die Erfüllung dieses Zwecks von einem andern oder von sich selbst erwartet, dringt die Natur auch auf Gehorsam oder auf eigenes Streben. Die höchste Gewalt soll zwar nach der Absicht derer, welche sie gründeten, immer fortdauern; dennoch aber kann sie sehr leicht durch einen auswärtigen Krieg gewaltsam aufgehoben werden, und sie selbst hat schon von ihrer Gründung an wegen der Unwissenheit und Leidenschaften der Menschen, vermöge der Uneinigkeit der Bürger, manchen Keim zu ihrem Untergang in sich.«[4]

Im Klartext sagt Hobbes, wenn der Herrscher nicht mehr in der Lage sei, seinen Teil des Vertrags zu erfüllen, sei der Untertan nicht mehr zu Gehorsam verpflichtet, und in dieser Situation könne nur der Untertan urteilen.

Von Bedeutung ist auch der zweite Punkt – die Bedeutung, die Hobbes der grundsätzlichen Gleichheit der Menschen beimisst, wobei er denselben Gedanken entwickelt wie schon Nicholas von Kues:

»Die Natur hat die Menschen sowohl in Hinsicht der Körperkräfte als der Geistesfähigkeiten einen wie den andern gleichmäßig begabt; und wenngleich einige mehr Kraft oder Verstand als andere besitzen, so ist der hieraus entstehende Unterschied im Ganzen betrachtet dennoch nicht so groß, daß der eine sich diesen oder jenen Vorteil versprechen könne, welchen der andere nicht auch zu hoffen

> berechtigt sei. In Ansehung der körperlichen Kraft wird man gewiß selten einen so schwachen Menschen finden, der nicht durch List, oder in Verbindung mit andern, die mit ihm in gleicher Gefahr sind, auch den stärksten zu töten fähig sein sollte. Eine noch größere Gleichheit findet sich aber bei den Geistesfähigkeiten, (…)«[5]

Aussagen wie diese werden ihnen wohl kaum Unterstützer bei den selbst ernannten Führern der Gesellschaft eingebracht haben, insbesondere nicht im 17. Jahrhundert.

Die liberale Antwort

Die Kritik an Hobbes fiel heftig aus: David Hume, der seine History of England ein Jahrhundert nach Hobbes abfasste, kommentierte ihn mit den Worten:

> »In unserer Zeit ist er nicht mehr interessant … Hobbes' politische Philosophie ist geeignet, die Tyrannei zu begünstigen und seine Ethik befördert die Zügellosigkeit. Obwohl ein Feind der Religion, gibt es keinen skeptischen Zug an ihm, er ist vielmehr so überzeugt und dogmatisch, als könne die menschliche Vernunft, und die seine im Besonderen, in diesen Fragen Gewissheit erlangen.«[6]

Bedeutungsvoller als solche Verurteilungen ist im Weiteren jedoch das philosophische Echo, das das Werk Hobbes hervorrief und das sich auf lange Sicht zu einer liberalen Tradition auswuchs, von Locke über Shaftesbury, Hutcheson und Hume, um schließlich in Adam Smith und John Stuart Mill zu kulminieren.

Die philosophischen Arbeiten John Lockes kreisen um zwei Fragen: »Was können wir wissen?« und »Wie sollen wir handeln?« Eigentlich hängen diese Fragen zusammen, denn Locke war vor allem daran interessiert, das zu wissen, was für unser Handeln Bedeutung hat. Seine Antworten sind tief verwurzelt in der christlichen Religion, die ihm als wahrhaftig erschien, und man könnte erwarten, dass er bei modernen Nichtgläubigen einen Teil seiner Attraktionskraft eingebüßt hat. In der zweiten seiner *Zwei Abhandlungen über die Regierung* schlägt er sogar vor, dass Menschen das Eigentum der göttlichen Obrigkeit sind:

> »Denn da die Menschen alle das Resultat der Arbeit des Allmächtigen und unendlich Weisen sind und alle Diener des Herren sind, zur Welt gesandt durch Sein Gebot und zur Erfüllung Seiner Wünsche, sie sind Sein Eigentum, denn Er ist es, der sie geschaffen hat und zu Seinem Vergnügen gibt es sie und nicht zu ihrem eigenen.«[7]

Trotz dieses unverkennbar religiösen Rahmens ist Locke in weiten Kreisen ein wichtiger Denker geblieben. Die *Abhandlungen*, seine wichtigsten Werke, sind als direkte Attacke gegen Robert Filmer geschrieben und ein wesentlicher Teil von Lockes Argumentation richtet sich gegen die absolute Monarchie. Das Hauptziel des Angriffs sind Filmers Versuche, zu beweisen, dass manche Menschen durch göttliches Gebot dazu bestimmt sind, über andere Menschen zu herrschen, und ein großer Teil des ersten Traktats versucht zu beweisen, dass sich eine solche Autorität nicht aus der Bibel ableiten lässt. Locke beschäftigt sich mit der Aufteilung der Macht. Die drei Pfeiler der Macht, die er benennt, sind jedoch die Gesetzgebung, die Durchführung und die Föderative, wobei der zuletzt erwähnte vor allem nach außen gerichtete Aufgaben im Umgang mit anderen Gesellschaften hat. Die durchführende Macht ist der gesetzgebenden Macht untergeordnet, weshalb er in dieser Hinsicht eine Form des Parlamentarismus vertritt. Jedoch entwickelt Locke keine vollständige Machtteilungslehre wie Montesquieu dies einige Jahrzehnte später tat.

Auch wenn Locke in der Kontrakttradition steht, vermeidet er das Wort Kontrakt und zieht Termini wie Compact und Vertrauensauftrag (Trust) vor. Der Compact oder Pakt liegt der Gesellschaft zugrunde und definiert somit das Verhältnis zwischen den Individuen, die sie bilden. Ein Vertrauensauftrag hingegen ist nicht gegenseitig. Das Volk hat gegenüber der Regierung keine Verpflichtungen und die Handlungen der Regierungen müssen alle auf das Beste der Staatsbürger gerichtet sein.

Origineller als seine Kritik der absoluten Monarchie war seine Theorie bezüglich des Eigentumsrechts und sie hat ihm einen Platz in der liberalen Tradition geschaffen. Die zentralen Abschnitte des zweiten Traktats sind die folgenden:

> »Obwohl die Erde und alle niedriger stehenden Wesen allen Menschen gemeinsam gehören, ist jeder der Eigentümer seiner eigenen Person. Nur er selbst hat das Recht auf seinen eigenen Körper. Wir können sagen, dass die Mühe seines Körpers und die Arbeit seiner Hände ihm gehören. Was immer er aus dem Naturzustand erhebt, hat mit seiner Arbeit vermischt und zu etwas vereinigt, das ihm eigen ist, und damit zu seinem Eigentum gemacht. Da es aus dem Naturzustand erhoben wurde, besitzt es durch diese Arbeit etwas, das an ihm haftet, was das Recht anderer Menschen daran ausschließt.
>
> Denn es ist Arbeit und nichts anderes, was den Dingen unterschiedliche Werte verleiht.

[Die Natur des Eigentums ist] dass es ihm ohne die Zustimmung eines Menschen nicht abgenommen werden kann.«[8]

Es ist kaum erstaunlich, dass eine solche Argumentation der aufstrebenden Bourgeoisie zusagte, die in Auseinandersetzungen mit den Landbesitzern des alten Regimes verwickelt war, und dass sie weit später Mitte- und Rechtspolitikern gefiel, die auf eine Begrenzung der Einflusssphäre des Staates erpicht waren. Man könnte meinen, dass die Doktrin in Konflikt mit dem früheren Gedanken geraten könnte, der allmächtige Schöpfer sei der Eigentümer von allem. Für Locke aber war die Arbeit der Weg aus natürlicher Egalität. In einem weniger abstrakten sozialen Zusammenhang bleibt das Problem der Teilung des Mehrwertes, der durch Arbeit geschaffen wurde, wenn viele Individuen sich diese Bemühungen geteilt haben – ein Problem, mit dem sich auch die Liberalen von heute herumschlagen.

Im zweiten Traktat kann man die Spannung zwischen der grundlegenden Freiheit, die allen durch göttliche Gnade zukommt, und den Begrenzungen der Freiheit, zu denen es durch die ungleiche Verteilung des Eigentums kommen kann, bereits ahnen. Im folgenden Abschnitt öffnet Locke der Unterordnung und Unterwerfung ein Hintertürchen:

»Ebenso ein Zustand der Gleichheit, worin alle Gewalt und Jurisdiktion gegenseitig ist und einer nicht mehr hat als der andere; denn nichts ist klarer, als daß Geschöpfe derselben Gattung und desselben Rangs, die ohne Unterschied zum Genuß aller derselben Vorzüge der Natur und zum Gebrauch derselben Fähigkeiten geboren sind, ohne Unterordnung und Unterwerfung, auch untereinander gleich sein müssen; es sei denn, daß der Herr und Meister ihrer

> aller durch eine deutliche Kundgebung seines Willens einen über den anderen setzt, und ihn durch eine überzeugende, klare Ernennung ein unzweideutiges Recht auf Dominium und Souveränität erteilt.«[9]

Der Nebensatz am Ende kommt der Filmer'schen Doktrin, die Locke eigentlich widerlegen wollte, gefährlich nahe.

Rousseaus Sozialkontrakt[10]

Jean-Jacques Rousseau analysierte den Sozialkontrakt zu zwei Gelegenheiten: teils im *Discours sur l'origine et les fondements de l'inégalité parmi les hommes* (Abhandlung über den Ursprung und die Grundlagen der Ungleichheit unter den Menschen) von 1755, teils in *Du contrat social ou principes du droit politique* (Vom Gesellschaftsvertrag oder Prinzipien des Staatsrechtes) von 1762. Das erstgenannte Werk ist hauptsächlich historisch orientiert und gibt Rousseaus Version vom Weg des Menschen vom Naturzustand zu einem Leben in der Gesellschaft wieder. Im Unterschied zu Hobbes vertrat Rousseau die Meinung, ein Leben im Naturzustand sei angenehm gewesen und der Übergang zum gesellschaftlichen Leben habe eine stufenweise Verschlechterung der Lebensqualität mit sich gebracht. Mit der Arbeitsteilung und dem privaten Eigentumsrecht kam es zu zwei entscheidenden Schritten. Die einleitenden Zeilen im zweiten Teil des Diskurses sind, je nach Geschmack des Lesers, berühmt oder anrüchig:

> »Der erste, der ein Stück Land eingezäunt hatte und es sich einfallen ließ zu sagen: *dies ist mein* und der Leute fand, die einfältig genug waren, ihm zu glauben, war der wahre

> Gründer der bürgerlichen Gesellschaft. Wie viele Verbrechen, Kriege, Morde, wie viel Not und Elend und wie viele Schrecken hätte derjenige dem Menschengeschlecht erspart, der die Pfähle herausgerissen oder den Graben zugeschüttet und seinen Mitmenschen zugerufen hätte: ›Hütet euch, auf diesen Betrüger zu hören; ihr seid verloren, wenn ihr vergeßt, daß die Früchte allen gehören und die Erde niemandem‹.«[11]

Der genaue Gegensatz zu Lockes' Vorstellung vom Eigentum. Weniger bekannt ist, dass Rousseau während der Arbeit an diesem Text einen Artikel mit dem Titel »Politische Ökonomie« für Diderots *Encyclopédie* verfasste, in dem er Formulierungen benutzte, die von Locke direkt übernommen sein könnten:

> »Es steht außer Zweifel dass das Eigentumsrecht, das heiligste aller Rechte ist und in gewisser Hinsicht wichtiger als die Freiheit selbst.
>
> Wir dürfen nicht vergessen, dass Eigentum die Grundlage des Gesellschaftsvertrages ist, und sein erstes Gebot lautet, dass jedem das Recht zugesichert werden muss, das, was ihm gehört, in Frieden zu genießen.«

Diese Textstellen sind in ihrer Widersprüchlichkeit geradezu schizophren zu nennen und es lässt sich schwer entscheiden, was Rousseau in der Frage des Eigentumsrechts tatsächlich dachte. Der Grundgedanke war, dass die existierenden Gesellschaftsverträge, die existierenden Gesellschaften zugrunde lagen, trügerisch waren und naiven Untertanen von verschlagenen Machthabern aufgezwungen wurden. In *Vom Gesellschaftsvertrag oder Prinzipien des Staatsrechtes* entwickelte Rousseau den authentischen Gesellschaftsvertrag, von dem er meinte, er sei notwendig für die Freiheit des Menschen. Der Hauptteil des Buches handelt von der konstitutionellen Demokratie – von Regierung und Verwaltung, gesetzgebender Versammlung, Wahlen und anderen Bausteinen. Er diskutiert, wie die soziale Macht begrenzt werden kann, und stellt fest, dass die beste Regierungsform abhängig vom jeweiligen Land ist. Auch die Frage nach einer einfachen oder qualifizierten Mehrheit greift Rousseau auf und vertritt die Meinung, je wichtiger die Frage sei, in der beschlossen werden solle, desto größer solle die Mehrheit sein.

Der Teil der Doktrin, der den größten Widerspruch hervorrufen sollte, ist seine Idee vom *allgemeinen Willen*. Nach modernem Sprachgebrauch entspricht dieser Begriff am meisten dem *Allgemeininteresse* – ein Interesse, das sich an den Interessen der Bürger ausrichtet, das bei den Einzelnen jedoch nicht hinreichend stark ausgebildet ist, um verteidigt werden zu können, wenn sie isoliert denken und handeln. Das Problem, so Rousseau, bestehe darin, den allgemeinen Willen in einer Entscheidungssituation erkennen zu können. Der allgemeine Wille kann nicht irren, Menschen hingegen sehr wohl. Rousseau scheint in Mehrheitsabstimmungen eine Lösung des Problems zu sehen: »... die Auszählung der Stimmen zeigt den allgemeinen Willen.« Worauf sich die Frage stellt, was geschehen soll, wenn keine der Möglichkeiten eine Mehrheit erhält, wozu es, auch wenn nur eine einfache Mehrheit erforderlich ist, kommen kann, sobald es mehr als zwei Möglichkeiten gibt, aber auch, wenn zwei Möglichkeiten zur Abstimmung stehen und eine qualifizierte Möglichkeit erforderlich ist. Mit der modernen Abstimmungstheorie kommt man ein Stück weiter, aber die Doktrin über den allgemeinen Willen bleibt ein problematisches Element in Rousseaus Theorie.[12]

Das Individuum und das Kollektiv[13]

Keinem, der über Grundprobleme der politischen Philosophie nachdenkt, ist der potenziell destruktive Effekt individueller Impulse, Leidenschaften und Eigeninteressen fremd. Lässt jemand solchen Kräften freien Lauf, wird das Leben für die Umgebung unerträglich, weshalb sie auf irgendeine Art beherrscht werden müssen. Augustinus, der lange die Position der katholischen Kirche definierte, machte geltend, dass strikte innere moralische Kontrolle, die von äußerer Repression unterstützt werde, die einzige Lösung darstellt. Calvin sollte später die gleiche Position vertreten. Aristoteles hingegen vertrat die Ansicht, der Charakter des Menschen als soziales Wesen, *zoon politikon,* werde ihn automatisch dazu zwingen, auf seine Mitmenschen Rücksicht zu nehmen, Selbstbeherrschung sei der menschlichen Konstitution immanent. Voraussetzung sei eine gute Ausbildung, denn wer das Richtige wisse, der tue auch das Richtige.

In der Folge kamen weitere Möglichkeiten hinzu. Der verbindende Gedanke war, Selbstbeherrschung entwickele sich auf die eine oder andere Weise ohne äußeren Druck oder angeborene Neigungen. Es liege ganz einfach im menschlichen Interesse, sich zu beherrschen. Frühe Exponenten finden sich bei den Stoikern, die festhielten, dass selbst derjenige, der lediglich seine Macht und seinen Reichtum vergrößern wolle, auf soziale Normen Rücksicht zu nehmen habe, damit seine Bestrebungen von Erfolg gekrönt seien. Sogar Machiavelli, der seinen Studienobjekten keinerlei angeborene moralische Hemmungen zuschrieb, betonte, dass Rücksicht auf Staatsnutzen und langfristige Konsequenzen den Menschen zwinge, seine Triebe in gewissem Umfang zu kontrollieren.

Eine andere Vorstellung ging davon aus, dass Triebe und Interessen in unterschiedliche Richtungen gehen und einander in gewisser Hinsicht neutralisieren. Diese Analogie zur Mechanik war bei manchen Philosophen der Aufklärung wie Helvétius und d'Holbach populär, fand aber niemals weitere Verbreitung.

Die dritte Möglichkeit, die sich mit der Zeit zur wichtigsten entwickelte, war die Vorstellung, Regeln, welche die Gesellschaft am Zerfall hindern, würden sich automatisch mithilfe von Mechanismen entwickeln, die für die Beteiligten unerreichbar seien.[14] Robert Merton beschrieb dies einmal in der *Theorie über die unbeabsichtigten Folgen zielgerichteten menschlichen Handelns*. Vertreter dieser Tradition sind unter anderem Montesquieu, Mandeville, Vico, Smith und im 20. Jahrhundert Popper, Campbell und von Hayek. Die Kritik dieser Gruppe an Hobbes fußt nicht nur auf der Annahme, dass Repression unnötig ist, sondern auch auf Wissensargumenten. Die Ausformung einer Gesellschaft gilt als vergebliches Unterfangen, weil die komplexen Korrekturmechanismen, die das soziale Gleichgewicht aufrechterhalten, weder von den Betroffenen noch von außenstehenden Beobachtern zu verstehen sind. Etwas widersprüchlich haben einige Anhänger dieser Anschauung auf die Erklärung exakt dieser Mechanismen viel Zeit und Energie verwendet.

Häufig weisen Anhänger der skeptischen, kontraktkritischen Tradition auf das Beispiel des Marktes hin. Gewisse Schlüsse der ökonomischen Wohlfahrtstheorie stützen diese Argumentation, jedoch sind die erforderlichen Voraussetzungen restriktiv bis zur Ablehnung. Der Markt gilt als perfekt, die Konsumenten verfügen über vollständige Information und die grenzenlose Fähigkeit, ihn zu bearbeiten, Produktion und Konsum haben keine Auswirkungen auf die Umwelt und so weiter. Ideologen wie von Hayek und Friedman haben Beispiele dieser Art verwendet, um ein allgemeines Bild der Harmonie zwischen individuellen und kollektiven Interessen zu vermitteln. Viele Beispiele zeigen, dass die Überlegungen mit Fehlern behaftet sind. Kriminalität, Zerstörung der Umwelt und Segregation sind Phänomene, die sich unvermittelt aus dem Bestreben entwickeln können, die persönliche Wohlfahrt zu maximieren. Durch die Benennung ausschließlich positiver Beispiele übertreibt man die Rationalität der spontanen sozialen Entwicklung, zumal diese gar nicht so spontan sein kann, wenn einzelne Individuen und Machtgruppierungen Einfluss auf die Richtung der Entwicklung nehmen können.

Zumindest in ihrer eingeschränkten, popularisierten Form vermittelt diese Doktrin, dass das Eigeninteresse als leitendes Prinzip in einer Gesellschaft ausreicht. Hierin besteht die Antwort auf die Provokation durch Hobbes, ein unkontrolliertes Eigeninteresse führe bestenfalls zu einem unfruchtbaren kalten Krieg. Sowohl Hobbes wie seine Kritiker waren Liberale in jener Hinsicht, dass sie das Individuum zum selbstverständlichen Ausgangspunkt moralischer und politischer Fragestellungen machten. Ihre Thesen über die Antriebskräfte menschlichen Handelns unterschieden sich nicht so grundlegend, weshalb die Erklärung dafür, dass sie zu unterschiedlichen Schlüssen kamen, anderswo zu suchen ist.

Moderne analytische Versionen[15]

Im Dezember 1954 hielt Richard Braithwaite in Cambridge eine Antrittsvorlesung mit dem Thema *Die Spieltheorie als Werkzeug der Moralphilosophie.* Dies war der Beginn einer fruchtbaren Zusammenarbeit von Philosophen und Mathematikern. Braithwaite zeigte, dass eine Reihe typischer Entscheidungssituationen, mit denen sich die Moralphilosophie beschäftigt hatte, auf einfache Spiele zutraf, die innerhalb der Spieltheorie analysiert wurden, die sich zu diesem Zeitpunkt noch in einem frühen Stadium befand.

Die Entwicklung der Spieltheorie in der zweiten Hälfte des 20. Jahrhunderts führte zu einem neuerlichen Interesse an formalisierten Versionen philosophischer Probleme. In Zusammenhang mit der Kontrakttheorie waren zwei Situationen von besonderem Interesse. Die erste betrifft den Abschluss des Gesellschaftsvertrages. Nimmt man an, dass eine Anzahl egoistisch agierender Individuen den Abschluss eines Gesellschaftsvertrages diskutiert, was spricht dann eigentlich dafür, dass sie seinen Abschluss für interessant halten? Diese Frage steht in einem gewissen Zusammenhang mit Diskussionen unter Biologen über das Entstehen von sozialen Verhaltensweisen unter Tieren. Robert Axelrod brachte in den 1980er-Jahren diesen Ansatz auf einen allgemeinen Nenner, dass vielen der Abschluss eines Gesellschaftsvertrages überflüssig erscheine. Indes sind die Voraussetzungen für die Zusammenarbeit nicht so ideal, wie Axelrod behauptet hatte und hauptsächlich deshalb, weil er sich lediglich mit der Interaktion zwischen zwei Partnern beschäftigt hatte, während der größte Teil der sozialen Interaktion von Menschen in größeren und bisweilen erheblich größeren Gruppen stattfindet. Das Resultat von Spielen zwischen zwei Partnern lässt sich nicht generalisieren.

Die zweite Entwicklungslinie, die nach 1970 sichtbar wurde, betrifft den Typ des Gesellschaftsvertrages, der unterzeichnet werden soll, gesetzt, es gibt dafür tatsächlich ein Interesse.[16] In *Eine Theorie für Gerechtigkeit* präsentierte John Rawls eine neue Variante der Vertragstheorie, die, gleichfalls in der Terminologie der Kontrakttheorie, eine Antwort von Robert Nozick hervorrief: *Anarchie – Staat – Utopia*. Rawls Vorstellung lautet, dass jene Individuen, die unterschiedliche Formen des Kontrakts analysieren, vorsichtig vorgehen und eine Kontraktvariante wählen sollen, die denen, die in der zukünftigen Gesellschaft am schlechtesten gestellt sind, ein so gutes Ergebnis wie möglich gewährleistet. Nozick antwortete, indem er die eigentliche Ausgestaltung von Rawls Vertrag infrage stellte. Rawls Theorie beruht auf einer Bewertung sozialer Ergebnisse entsprechend gewisser Normen. Jene Theorien, die sich auf »historische Prinzipien« beziehen, sind laut Nozick auf jene Umstände fokussiert, die zu einem bestimmten sozialen Zustand geführt haben. Innerhalb dieser Kategorie kann man anschließend zwischen denen unterscheiden, die auf einem gewissen Verteilungsprinzip aufbauen – beispielsweise »jedem Einzelnen entsprechend seiner Bedürfnisse« – und solchen, bei denen das nicht der Fall ist. Nozicks Überlegungen gehören zur letzten Gruppe und sind verfahrensorientiert: Der soziale Zustand zu einem gegebenen Zeitpunkt wird als legitim angesehen, solange er das Ergebnis eines legitimen Prozesses ist.

Aus gewisser Distanz zu dieser Kontroverse präsentierte der Wirtschaftswissenschaftler John Harsanyi eine modernisierte utilitaristische Variante des Kontraktansatzes.[17] Harsanyis Analyse liefert eine zwischen Rawls und Nozick liegende weniger egalitäre Lösung. Ken Binmore, ein weiterer Wirtschaftswissenschaftler, versuchte später mit einer Reihe von Veröffentlichungen, Ordnung in die Diskussion zu bringen. Binmores Arbeiten repräsentieren zweifellos den gründlichsten Versuch einer Etablierung der Kontrakttheorie auf der Basis rational agierender Modelle. Sein Schlusssatz lautet, dass die vertragschließenden Parteien eine egalitäre Lösung bevorzugen, wenn auch aus anderen Gründen als von Rawls angenommen. Aus Binmores Perspektive zog Rawls die richtigen Schlüsse auf fehlerhafter Grundlage. Im folgenden Kapitel werden wir hierauf zurückkommen.

Der Gesellschaftsvertrag – und dann?

Nicht zufällig besaß der Vertragsansatz jahrhundertelang Attraktivität. Wer nicht akzeptiert, dass man ein moralisches oder politisches System auf der Grundlage der Religion oder des Mythos oder auf dem Status quo aufbaut, findet zum rationalen Ansatz eigentlich keine Alternative. Für welche Gesellschaft würden wir uns entscheiden, wenn wir uns aus der heutigen Situation befreien könnten? Auch die vertragskritischen Teilnehmer an dieser Diskussion – Hume, von Hayek und andere – erkennen den Bedarf nach einer Verfassung an, und bei einer Verfassung handelt es sich im Grunde um nichts anderes als um eine Form des Gesellschaftsvertrages. Etwas völlig anderes ist, dass die meisten Verfassungen unter historisch völlig anderen Verhältnissen entstanden als die ideale Vertragssituation, die den Philosophen als Modell vorschwebte.

Auffallend bei einem Durchgang der vielen Beiträge zur politischen Philosophie ist dennoch die Ähnlichkeit der Denkweisen, quer über die ideologischen Grenzen hinweg: Sie alle bauen mehr oder weniger explizit auf einem Vertragsansatz auf. Die Autoren präsentieren Prinzipien, die sie zum Ausgangspunkt für einen Gesellschaftsaufbau machen, und erwarten, dass diese ewig bestehen bleiben.

Auch wenn die unterschiedlichen politisch-philosophischen Ansätze also vieles gemeinsam haben, leiden sie unter einem auffälligen blinden Fleck. Wie das Märchen in Sigfrid Lindströms Gedicht beenden sie ihre Erzählung dort, wo das eigentliche Märchen beginnt. Was geschieht, wenn der Vertrag dann unterzeichnet ist und das normale, von menschlichen Unzulänglichkeiten geprägte Leben beginnt? Schließlich müssen dort die grundlegenden Prinzipien auf den Prüfstand gestellt werden. Bei jenem Problem, das im Mittelpunkt dieser Diskussion steht – der Ungleichheit –, müssen die Theorien darauf überprüft werden, wie sie die der gesellschaftlichen Prozesse innewohnende Instabilität bewältigen. Wie bereits dargelegt, müssen wir davon ausgehen, dass der egalitäre Grundzustand nach der Unterzeichnung der vertragschließenden Parteien nicht sonderlich lange überlebensfähig ist. Die unterschiedlichen Theorien müssen sich folglich an ihrer Fähigkeit messen lassen, diese Instabilität bewältigen zu können. Von der Analyse dieser Frage handeln die folgenden Kapitel.

7 Liberalismus und Ungleichheit

Die drei großen abendländischen ideologischen Strömungen, Liberalismus, Konservatismus und Sozialismus, repräsentieren natürlich ganz unterschiedliche Herangehensweisen an das Problem der Ungleichheit. Manche Denker, insbesondere vom rechten Rand, wollten die Frage der Gleichheit von der politischen Agenda völlig streichen, die meisten haben sie jedoch ernst genommen. In diesem und in den folgenden Kapiteln soll die Haltung der klassischen Ideologien zum Problem der Ungleichheit eingehender untersucht werden. Die wesentlichen Ergebnisse der vorangegangenen Analyse werden hier der Einfachheit halber noch einmal rekapituliert:

- Das grundlegende, symmetrische Gleichgewicht des elementaren Verhandlungsspiels ist instabil. Anders ausgedrückt: Selbst kleine Störungen einer egalitären Ausgangssituation werden verstärkt und die Verteilung wird rasch ungleich. Ein anderes Gleichgewicht existiert nicht. Die Ungleichheit wird lediglich von den äußeren Restriktionen des Spiels begrenzt – entweder der stärkere Partner will den schwächeren am Leben und einigermaßen produktiv halten oder der schwächere Partner verfügt über andere Möglichkeiten und kann das Spiel voll und ganz verlassen.

- Der Zufall entscheidet darüber, wer praktisch in einer Situation die Oberhand behält, in der die Partner hinsichtlich Fähigkeit und Anstrengungen identisch sind. Traditionen und Erbregeln verstärken die Ungleichheit, legitim ist sie deswegen trotzdem nicht.
- Durch ein Feedback der erzielten Ergebnisse bei Einkommen und Eigentum wird die Stabilität einer Gesellschaft und ein angemessenes Maß an sozialer Gleichheit ermöglicht. Die Dynamik in Verhandlungsprozessen führt zu Instabilität und macht ein solches Feedback unerlässlich, völlig eliminieren lässt sich Ungleichheit indes nicht.

Für eine Untersuchung der Frage, inwieweit verschiedene Ideologien bereit sind, den Status quo als Norm zu akzeptieren, lassen sich verschiedene Versuchsszenarien heranziehen. Eine Möglichkeit ist eine Betrachtung der Situation der Frauen und die Untersuchung, inwieweit eine Unterdrückung des weiblichen Teils der Bevölkerung akzeptiert oder vom ideologischen und religiösen System sogar befürwortet wird. Hier wurde hingegen als Testfall die Sklaverei gewählt, eine Institution, die gegen die fundamentalsten Restriktionen verstößt, wenn man als Ausgangspunkt einen Urzustand relativer Gleichheit wählt, der entweder Teil eines religiösen Mythos ist oder auf der Vorstellung eines Gesellschaftsvertrages beruht.

Konturen des Liberalismus[1]

Wie andere weithin verwendete ideologische Begriffe ist der Liberalismus schwer zu definieren. Der Terminus ist vergleichsweise neu und wurde zu Beginn des 19. Jahrhunderts erstmals in Spanien verwendet – die Ideen sind selbstverständlich erheblich älter. Unter der Rubrik des Liberalismus findet man so unterschiedliche Autoren wie Locke, Smith, Mill, Keynes und von Hayek. Hayek, den viele als konservativ bezeichnen würden, legte solchen Wert darauf, als Liberaler zu gelten, dass er sein Buch *Die Verfassung der Freiheit* um einen Anhang mit der Überschrift »Warum ich kein Konservativer bin« ergänzte. Zwei der Hauptkontrahenten in der politisch-philosophischen Debatte der 1970er-Jahre, John Rawls und Robert Nozick, weisen beide darauf hin, dass sie Liberale seien.

Der Liberalismus definiert sich gern im Kontrast zu Werten und Begriffen des alten Regimes. Grundlage sozialer Institutionen soll nach liberaler Überzeugung eher die Vernunft als die Tradition sein. Institutionen und Sitten, die einer Überprüfung nicht standhalten, sind abzuschaffen. Beziehungen zwischen Individuen sollen auf rational begründete Übereinkommen und weniger auf dem Status beruhen, wenn dieser Status sich nicht auf objektive Verdienste bezieht. Der Liberalismus richtet seinen Blick auf die Gegenwart und die Zukunft, während die Denker des alten Regimes sich an der Vergangenheit orientieren.

Wie Anthony Arblaster in seiner Analyse der liberalen Tradition feststellt,[2] ist der Liberalismus mehr als eine Garnitur von Werten, er strebt nach einer auf wissenschaftlicher Grundlage beruhenden Weltanschauung. Ein weiterer wichtiger Ausgangspunkt ist der Individualismus in seinen unterschiedlichen Formen. Die erste ist ein *ontologischer Individualismus*, die Vorstellung, dass der Mensch im fundamentalen Sinn allein ist. Hinzu kommt ein *politischer Individualismus*, der bereits bei Denkern des 17. Jahrhunderts wie Hobbes und Spinoza entwickelt war und das *Individuum* als grundlegende Einheit in der politischen Theorie versteht – und nicht die Familie, die Gesellschaft oder irgendeine andere überindividuelle Einheit. Diese beiden Varianten des Individualismus wurden während des 20. Jahrhunderts von Popper und anderen Denkern um einen *methodologischen Individualismus* ergänzt. Kurz gefasst ist gemeint, dass das Individuum innerhalb der Sozialwissenschaften als Ausgangspunkt einer Analyse sozialer Prozesse dient.

Selbstverständlich wurde der Individualismus nicht im 17. Jahrhundert geboren.[3] Spezialisten für mittelalterliche Geschichte wie Macfarlane und Le Roy Ladurie berichten von weit früher vorhandenen, voll entwickelten individuellen Denkweisen und Handlungsmustern und das Gleiche findet sich in den klassischen griechischen Dramen, auch wenn bei der Interpretation von Dokumenten aus einer anderen Zeit Vorsicht geboten ist. Jedoch ist es korrekt, wenn man sagt, dass der Individualismus ideologisch und philosophisch mit dem Anbruch der neuen Zeit heranwuchs.

In der politischen Theorie ist der Liberalismus wegen der individuellen Perspektive und seines Schwerpunkts auf formalen Beziehungen als Modell für den Gesellschaftsvertrag gut geeignet. Wie gezeigt werden konnte, ist die Idee nicht neu, eine politische Philosophie auf der Grundlage eines hypothetischen Gesellschaftsvertrages zu entwickeln, jedoch ist es kein Zufall, dass das Genre in der Epoche des klassischen Liberalismus um einige seiner wichtigsten Beiträge bereichert wurde. Die gemeinsame Aufgabe, um deren Lösung sich liberale Denker bemühen, besteht in der Ausgestaltung der guten Verfassung, welche die Beziehungen zwischen Individuen und zwischen Individuen und Staat regeln. Die wichtigen Bauelemente hierfür sind eine Anzahl von Rechten, wie Gleichheit vor dem Gesetz, Freiheit der Meinungsäußerung, Vereinigungsfreiheit und Verfügungsrechte.

Hinsichtlich der für ein geordnetes Leben in einer Gesellschaft vorstellbaren Möglichkeiten unterscheiden sich die Liberalen untereinander. Falls man mit Hobbes die Ansicht teilt, diese Alternative bestehe in ständigem Konflikt und allgemeiner Unsicherheit – metaphorisch zusammengefasst als Kriegszustand, in dem jeder Mensch der Feind aller anderen Menschen ist –, fällt es leicht, ein weitgehendes Recht des Staates zum Eingreifen in das Leben seiner Bürger zu akzeptieren. Wenn man andererseits an selbst organisierte Prozesse im sozialen Zusammenspiel glaubt, erscheint es natürlich, dass man die Interventionsmöglichkeit des Staates zu beschränken sucht. An diesem kritischen Punkt trennen sich die Wege unterschiedlicher Strömungen innerhalb des Liberalismus.

Das Fehlen eines stabilen Gleichgewichts

Das Ziel des Liberalismus, die ideale Verfassung auszugestalten, beruht auf der optimistischen Annahme, ein solches Projekt lasse sich realisieren. In einem zentralen Abschnitt von *Anarchie – Staat – Utopia* trifft Nozick die bereits erwähnte Unterscheidung zwischen historischen Gerechtigkeitsprinzipien und Gerechtigkeitsprinzipien, die auf dem tatsächlichen Ergebnis gründen. Historische Prinzipien gehen zurück auf den Gedanken, dass »frühere Verhältnisse oder Handlungen von Menschen Rechtsunterschiede bewirken und dazu führen können, dass Menschen unterschiedlich viel verdienen«. Die zweite Gruppe von Prinzipien bezieht sich stattdessen auf den aktuellen Gesellschaftszustand, den sie in Beziehung zu einem Gerechtigkeitsprinzip setzt. Nozick bezeichnet diesen Typ auch als musterbezogene Prinzipien, da sie auf einer natürlichen Dimension oder Kombination von Dimensionen beruht – Verdienst, Bedarf, marginale Produktivität und so weiter.

Wenige Liberale haben die Ansicht vertreten, dass irgendeines dieser Prinzipien allein für eine vollständige Lösung des

Verteilungsprinzips sorgen kann. Nozick ist eine Ausnahme, wenn er sagt, historische Prinzipien seien die einzig legitime Verteilungsgrundlage. Was auch immer in Einklang mit grundlegenden Regeln und Verordnungen erworben wurde, der Inhaber habe das Recht, es zu behalten, selbstverständlich unter der Voraussetzung, dass das Grundgesetz auf korrekte Weise zustande gekommen ist. Besteuerung ist in Nozicks Terminologie mit Strafarbeit gleichzusetzen.[4]

Nozicks Argumente zugunsten historischer Prinzipien lassen sich anhand der Resultate vorangegangener Kapitel bewerten, wobei zwei Probleme zutage treten: die Formulierung jener konstitutionellen Regeln, die die Grundlage der Rechte bilden sollen, und das Fehlen eines Feedbacks sozialer Zustände. Das erste Problem ist deckungsgleich mit der Formulierung einer Moraltheorie oder eines Verhaltenscodes – das Ziel besteht in der Formulierung von Regeln, die in allen vorstellbaren Situationen zu Ergebnissen führen, welche als gut oder zumindest als akzeptabel verstanden werden können. Die Alternative des Verweises auf irgendeinen autoritativen Text religiösen oder halbreligiösen Ursprungs ist in modernem liberalen Zusammenhang nicht ernst zu nehmen. Darum bleibt die einzige Möglichkeit eine Bewertung vorstellbarer Regeln nach den Ergebnissen, die sie in einem sozialen Zusammenhang erbringen können. Das Problem besteht darin, dass jede Versuchsperiode notgedrungen endlich ist, was dazu führt, dass die Entscheidung für Regeln zwangsläufig unsicher wird. Wie die Beispiele der katholischen Kirche und des Adels in Kapitel fünf zeigen, ist das Risiko groß, dass es bei der Aufzeichnung der vorgeschlagenen Regeln zu Fehlern kommt; hat man sich also des Rechtes beraubt, Änderungen der Konstruktion vorzunehmen, verfügt man über keine Möglichkeit zur Korrektur der Fehler.

Noch problematischer für das Projekt der Ausgestaltung einer idealen Konstitution ist, wie in früheren Kapiteln gezeigt wurde, das Instabilitätsresultat. Nach regelungstechnischem Sprachgebrauch entspricht die Suche nach der perfekten Konstitution dem Versuch, einen Prozess zu kontrollieren, ohne dass man über Informationen bezüglich des aktuellen Zustandes verfügt. Das heißt: Sie ist lediglich auf Feedforward aufgebaut. Bereits in stabilen Systemen ist das zum Scheitern verurteilt; das System wird unkontrolliert laufen und auf lange Sicht weit abseits von dem landen, was wünschenswert oder auch nur akzeptabel ist. Unternimmt man diesen Versuch mit instabilen Systemen, wie dem elementaren Verhandlungsspiel, das in früheren Kapiteln definiert wurde, kann das Resultat katastrophal ausfallen, wenn man es nach gängigen moralischen oder politischen Normen beurteilt. Hier präsentiert Nozick wiederum eine Extremposition, wenn er nicht ausschließt, dass der Zustand der Sklaverei das Ergebnis sein könnte, wenn man das freie Spiel der Mechanismen zulässt, auf denen die Konstitution beruht.

> »Die damit in Beziehung stehende Frage lautet, ob man in einem freien System einem Individuum gestatten kann, sich selbst als Sklave zu verkaufen. Was ich für möglich halte.«[5]

Nozick fügt vorsorglich hinzu, dass ein freies System ihm auch gestatten würde, sich dazu zu verpflichten, sich niemals auf eine derartige Transaktion einzulassen. Jedoch handelt es sich hier um eine Einschränkung ohne wesentlichen Inhalt, da jede selbst übernommene Verpflichtung von Individuen in entsprechend verzweifelten Situationen widerrufen werden kann, wie die Geschichte wiederholt gezeigt hat.

Zusammenfassend muss man die Vorstellung von einer perfekten Konstitution entweder aufgeben und ein Feedback des sozialen Ergebnisses zulassen oder aber dazu bereit sein, von jeder Einschränkung abzusehen, welche Zustände als akzeptabel gelten können, wie beispielsweise ein Verbot der Sklaverei. Wenige sollten Nozick folgen und sich für die letztere Möglichkeit entscheiden. Unter den liberalen Denkern, die dennoch die perfekte Konstitution anstreben, dürfte die Annahme normal sein, dass irgendwo zwischen dem ursprünglichen egalitären Gleichgewicht und der ungehinderten Ausbeutung des Einen durch einen Anderen, zivilisierte gesellschaftliche Kräfte des Ausgleichs existieren.

Tatsächlich gibt es eine starke Spannung zwischen Liberalen wie Nozick, die die perfekte, auf Rechten begründete Konstitution anstreben, und anderen Liberalen wie von Hayek und Popper, die das Bedürfnis nach kontinuierlichen Anpassungen und Justierungen jener Regeln unterstreichen, mit deren Hilfe eine Gesellschaft regiert wird – *lokal angepasste soziale Ingenieurskunst*, mit den Worten Poppers.[6] Die erste Gruppe tendiert dazu, in der sozialen Vertragstradition zu denken, während die zweite Gruppe sie meidet oder sogar verabscheut. Die praktischen sozialen Schlüsse müssen nicht unbedingt weit auseinanderliegen, hinsichtlich des intellektuellen Fundaments kann man nicht beiden Möglichkeiten folgen, man muss sich entscheiden. Die meisten Liberalen wählen die zweite, pragmatische Möglichkeit und öffnen sich einem kontinuierlichen Feedback des sozialen Resultats zu dem Regelwerk, das im Zusammenhang mit einer Steuerung der Gesellschaft genutzt werden soll. Die Diskussion handelt in diesen Fällen nicht mehr davon, ob ein solches Feedback geeignet oder notwendig ist, sondern wie der Feedback-Mechanismus aussehen sollte.

Legitimitätsfragen

Die liberale Legitimitätsdoktrin trägt das Zeichen John Lockes. Eigentum, Freiheit und Sicherheit von Leib und Leben sind die vom Staat zu schützenden Hauptwerte. Eigentum ist ein Verdienst; das Eigentumsrecht erwirbt man durch unterschiedliche Arten von Anstrengungen. Ein moderner liberaler Denker, Wojciech Sadurski, legt eine moralisch gefärbte Definition dessen, was als verdient gelten kann, an und weicht damit von der Theorie Nozicks über die Rechte ab.[7] Sadurski betont, Verdienst müsse mit Verantwortung verbunden sein; eine Person könne sich ein Eigentum nur durch Handlungen verdienen, für die sie gleichzeitig verantwortlich gemacht werden kann. Dies bringt eine erhebliche Verschärfung der Legitimitätsforderung mit sich. Der Wirtschaftswissenschaftler Frank Wright stellte einmal fest, der Besitz persönlicher oder materieller produktiver Aktiva beruhe auf einer komplexen Vermischung von Erbe, Glück und Anstrengungen, und zwar hinsichtlich ihrer relativen Bedeutung vermutlich in dieser Reihenfolge.[8] Nach Sadurskis Definition wird durch Erbe oder Zufall erworbenes Eigentum nicht legitim.

Eine Schlussfolgerung der Analyse in früheren Kapiteln war, dass für die Verteilung von Wohlfahrt in Verhandlungsspielen Zufall und Geschichte die Hauptfaktoren darstellen. Historisches Erbe ist für den Mainstream des liberalen Denkens nicht legitimitätsschaffend, schließlich ist der Liberalismus teilweise aus der Opposition gegen ererbte Rechte und Privilegien entstanden. Der Umstand, dass jener Teil, der bei einer Verhandlung einem der Partner zufällt, ab einem gewissen Zeitpunkt die Tendenz zeigt, sich zu vergrößern, ist lediglich das Ergebnis dessen, dass er zu früherer Gelegenheit größer ausgefallen ist, und stellt darum eine starke Bedrohung der Verteilungslegitimität dar.

Damit ist nicht gesagt, dass Anstrengung keine Rolle spielt; die relative Bedeutung von Zufall, Erbe, Anstrengung und anderen Faktoren erfordert eine eigene Untersuchung. Auf globaler Ebene hat der ehemalige Chefökonom der Forschungsabteilung der Weltbank, Branko Milanovic, die relative Bedeutung von allgemeinem Hintergrund, Familie und individuellen Faktoren (Zufall und eigene Anstrengungen) berechnet.[9] Sein Schlusssatz ist deutlich: Mehr als 80 Prozent der Unterschiede im Realeinkommen erklären sich mit Gegebenheiten, die vom Einzelnen nicht zu beeinflussen sind – Heimatland und familiärer Hintergrund. Ein Einwand kann lauten, dass ein Teil des familiären Einflusses über Verhaltensmuster vermittelt wird, welche auf die eine oder andere Weise mit Anstrengung verbunden sind, der Effekt ist jedenfalls gering. Davon abgesehen enthalten die verbleibenden 20 Prozent den Zufallsfaktor, der sich nach der Definition der Kontrolle des Individuums entzieht. Milanovics Analyse bestätigt die Annahme Knights.

Einzelne theoretische Experimente können die existierende Verteilung des Wohlstandes zweifelhaft erscheinen lassen. Angenommen, man versetzt den durchschnittlichen Geschäftsführer eines europäischen oder amerikanischen Unternehmens in ein durchschnittliches Entwicklungsland in Zentralafrika – welche Auswirkungen hätte das auf (es handelt sich zumindest um einen Mann) seine Produktivität? Die Antwort lautet selbstverständlich, dass sie sich drastisch verringern würde, weil das Ergebnis seiner Anstrengungen in großem Umfang von sozialen Faktoren bestimmt wird – Ausbildungsstand der Angestellten, ihr Engagement bei der Arbeit, die Qualität der Infrastruktur und so weiter. Das Ergebnis der Anstrengungen eines Geschäftsführers oder Direktors ist sozial bestimmt, wie bei allen, die in einer auf Arbeitsteilung beruhenden Wirtschaft tätig sind.

Ähnliche Vergleiche lassen sich über einen Zeitverlauf anstellen. 1965 verdienten amerikanische geschäftsführende Direktoren in größeren Unternehmen das Vierundzwanzigfache eines Durchschnittsarbeiters. Im Jahr 2005 ist dieser Faktor auf 262 angewachsen. In Schweden wurde er seit 1950 gemessen, als er 26 betrug. Am niedrigsten war er 1980 mit 9, um anschließend auf 46 im Jahr 2011 anzuwachsen.[10] Die Produktivität eines geschäftsführenden Direktors lässt sich schwer mit der eines Arbeiters vergleichen, niemand behauptet jedoch ernstlich, dass sie sich in relativen Zahlen in 40 Jahren mehr als verzehnfacht hätte, wie das in den USA der Fall ist. Die Schwankungen in Schweden sind ein Indikator dafür, dass Löhne nicht sonderlich viel mit Produktivität zu tun haben; sie sind sozial bestimmt. Der Schluss daraus bleibt der gleiche: Die herrschenden Verteilungsmuster stellen eine ernsthafte Bedrohung der Legitimität dar, wie sie in der liberalen Ideologie definiert wird.

Der Liberalismus und die Verteilungspolitik

Der gewissenhafte englische Liberale verspüre einen »Hang zur Gleichheit«, wie Anthony Trollope einmal bemerkte.[11] In gewisser Hinsicht ist dieser Hang der liberalen Ideologie inhärent, da die Vertragstheorie anonym ist und die Individuen neutral behandelt. Die Reaktionen auf die Konfrontation der Ideologie mit den tatsächlichen Ungleichheiten als praktisches Resultat der liberalen Ideologie fielen unterschiedlich aus. Linksliberale, oder Sozialliberale, wie sie sich häufig selbst nennen, waren zur Anwendung staatlicher Machtmittel bereit, um Verstöße gegen angemessene Gerechtigkeitsnormen zu korrigieren. Andere äußerten sich skeptisch oder direkt feindlich bezüglich des Einsatzes der öffentlichen Macht zu derartigen Zwecken.

Häufig teilt man Unterschiede zwischen Individuen in drei Kategorien ein: unterschiedliche angeborene Eigenschaften, unterschiedliche Voraussetzungen und unterschiedliche Resultate.[12] Die erste Kategorie gilt häufig als schwer zu beeinflussen, wobei jedoch bei der Klassifizierung einer Eigenschaft als genetisch bedingt eine gewisse Vorsicht angebracht ist. Welchen Ausdruck das genetische Erbe findet, wird bereits vor der Geburt von Umweltfaktoren bestimmt, die sich mithilfe politischer Eingriffe sehr wohl bestimmen lassen. So hat der schwedische Forscher Peter Nilsson in einer Abhandlung gezeigt, dass Personen, die vor der Geburt dem Einfluss von Alkohol ausgesetzt waren, in der Schule schlechtere Leistungen erzielten, zu niedrigeren Einkünften gelangten und mit 30 Jahren eine höhere Abhängigkeit von Transferleistungen aufwiesen als solche, bei denen dies nicht der Fall war.[13] Richard Herrnstein und Charles Murray stellen in ihrem umstrittenen Buch *The Bell Curve* die These auf, dass die Fähigkeiten von Individuen im Großen und Ganzen mit der Geburt feststehen und dass diese Fähigkeiten sich mithilfe von IQ-Tests feststellen lassen.[14] Das Beispiel gibt zu erkennen, dass sogar erfolgreiche, hochrangige Wissenschaftler nur schwer zwischen genetisch bedingten Unterschieden und von Schule und Ausbildung bestimmten Unterschieden unterscheiden können.

Hinsichtlich des zweiten Typs der Unterschiede sind sich die meisten liberalen Autoren darüber einig, dass Individuen einigermaßen gleiche Voraussetzungen im Leben erhalten müssen – und dass Fähigkeiten und Anstrengungen belohnt werden sollen. Jedoch sind die Meinungen geteilt, wie aktiv der Staat werden müsse, um Unterschiede zu kompensieren, die sich aus dem sozialen Hintergrund erklären.

Größere Einigkeit herrscht unter Liberalen in der Frage, dass Unterschiede in der Kategorie der unterschiedlichen Resultate ausgeglichen werden sollten. Unter den modernen liberalen Denkern ist John Rawls einer der engagiertesten Vertreter einer aktiven Verteilungspolitik. Sein zweites Gerechtigkeitsprinzip lautet:

> Soziale und wirtschaftliche Ungleichheiten müssen folgendermaßen beschaffen sein:
> (a) Sie müssen unter der Einschränkung des gerechten Spargrundsatzes die beste Lösung für die am wenigsten Begünstigten bieten, und
> (b) sie müssen mit Ämtern und Positionen verbunden sein, die allen gemäß fairer Chancengleichheit offenstehen.[15]

Diese Formulierung wurde als Grundlage der Verteilungspolitik in einem liberalen Rahmenwerk gefeiert – wie aktiv jedoch der Staat im Rahmen eines solchen Programms sein soll, ist eine offene Frage, deren Antwort stark vom zeitlichen Horizont abhängt. Einem kurzsichtigen Betrachter stellt sich a) als Argument für eine vollständige Eliminierung aller Unterschiede dar. Ein Transfer, der den am schlechtesten Gestellten auf das Niveau dessen, der sich unmittelbar über ihm befindet, anhebt, führt schließlich zu einem besseren Ergebnis für den am schlechtesten Gestellten und sollte also durchgeführt werden. Mit demselben Argument sollen die beiden, die sich nun in den untersten Positionen befinden, auf das nächsthöhere Niveau angehoben werden. Die wiederholte Anwendung des gleichen Prinzips führt zu dem Schluss, dass eine gleiche Verteilung die einzig akzeptable Vorgehensweise ist.

Aus langfristiger Perspektive ist die Situation eine andere.[16] Steuern, die für Zwecke der Umverteilung genutzt werden, können Auswirkungen auf Arbeitsergebnis, Sparquote und andere wichtige Variablen haben. Daher kann auch eine Politik, die aus der Perspektive der am schlechtesten Gestellten die beste sein mag, Unterschiede bei Einkommen und Vermögen bewirken. Welcher Zeithorizont also angemessen ist, hängt von der Versorgungslage ab – da schlechter Gestellte normalerweise weniger Vorsorge treffen können, ergibt sich hier ein echtes politisches Problem.

Rawls Theorie der Gerechtigkeit provozierte eine Reihe absehbarer Kommentare aus unterschiedlichen Lagern:[17] wegen seiner konsequent individualistischen Perspektive von kommunitären Denkern, wegen der Nichtrespektierung der Eigentumsrechte von Rechtsliberalen und Konservativen und so weiter. Für unsere Darstellung ist jedoch die eher technische Kritik von Wissenschaftlern wie John Harsanyi und Ken Binmore relevant. Sie setzen an beim »Überbrückungsprinzip« (siehe viertes Kapitel), dessen Rawls sich bedient, um von den Fakten zu Empfehlungen zu gelangen. Er weist darauf hin, dass der von ihm empfohlene Weg dem entspricht, für den sich rationale Individuen in einer Vertragssituation entscheiden würden. Konkreter gesagt, er bedient sich des sogenannten *Maximin-Kriteriums*, einer Art Sicherheitsphilosophie, die besagt, dass die vertragschließenden Parteien eine Lösung wählen, die unter den Worst-Case-Szenarien als die am wenigsten schlechte bewertet wird. Dies knüpft direkt an das oben genannte Prinzip a) an, das besagt, die Gesellschaft solle so geordnet werden, dass für die am schlechtesten Gestellten die beste Lösung erzielt wird. Rawls Argument lautet, dass jene Individuen, die die Unterzeichnung eines Gesellschaftsvertrages erwägen, sich für dieses Prinzip entscheiden, um zumindest ein völliges Scheitern zu verhindern.

Rawls Argumente sind mit einem Versicherungsdenken zu vergleichen. Haben wir uns unter verschiedenen Möglichkeiten zu unterscheiden und können nicht mit Sicherheit sagen, wozu die verschiedenen Möglichkeiten führen, sind wir gezwungen, in unterschiedlichen Szenarien zu denken. Dies kann aussehen wie in der untenstehenden Tabelle, in der die Ziffern die Bewertung des Ergebnisses angeben:

	Szenario 1	Szenario 2
Möglichkeit A	5	1
Möglichkeit B	7	–1

Tritt Szenario 1 ein, ist Möglichkeit B vorzuziehen. Ist es stattdessen Szenario 2, ist die Möglichkeit A die beste. Wer sicher gehen will, ein Scheitern zu vermeiden, muss Möglichkeit A wählen. Lässt sich die Wahrscheinlichkeit beider Szenarien auf irgendeine Weise abschätzen, kann man die Analyse etwas verfeinern. Je wahrscheinlicher Szenario 1 ist, umso besser ist natürlich die Entscheidung für Möglichkeit B. Wenn eine Berechnung zeigt, dass die Wahrscheinlichkeit für ein Eintreffen von Szenario 1 größer ist als 50 Prozent, ist Möglichkeit B vorzuziehen. Nach der Theorie vom erwarteten Nutzen muss man sich für Möglichkeit B entscheiden, sobald man zu wissen glaubt, dass die Wahrscheinlichkeit größer als 50 Prozent ist. Beurteilt man aber das Ergebnis –1 als völlig inakzeptabel, muss man sich gleichwohl für Möglichkeit A entscheiden.

Harsanyi stempelt Rawls Sicherheitsdenken als völlig irrational ab, es führe zu »absurden praktischen Konsequenzen«. Für Harsanyi ist der erwartete Nutzen das einzig akzeptable Kriterium. Harsanyi und Gleichgesinnte vertreten die Meinung, ohne Risiko sei ein menschlicher Fortschritt ausgeschlossen. Harsanyi irrt jedoch, wenn er Rawls als irrational bezeichnet. Wird das negative Ergebnis in der oben stehenden Tabelle als inakzeptabel bezeichnet, muss man sich für die Möglichkeit A entscheiden. Ein Hausbesitzer, der eine Hausversicherung abschließt, weiß schon vorher, dass die Kosten die zu erwartende Ausbezahlung der Versicherung übersteigen. Dennoch werden Hausversicherungen aus dem simplen Grund abgeschlossen, dass man sich das schlimmste Szenario ersparen will – man will nicht vor dem Nichts stehen, falls es zum Schlimmsten kommt.

In seiner eigenen Analyse ächtet Harsanyi die, wie er sie nennt, »antisozialen Präferenzen«, die Neid enthielten und der freien Entscheidung einen unbekannten, aber offenbar hoch eingeschätzten Wert zuschreiben. Die Lösung, zu der er schließlich kommt, ist eine leicht modernisierte Version des klassischen Utilitarismus innerhalb der Moraltheorie. Harsanyis Rosinenleserei menschlicher Schwächen – Gier ist akzeptabel oder sogar lobenswert, während Neid zu verachten sei – wirft leider einen Schatten auf seine eigene akademische Glaubwürdigkeit und die seines Themas.[18]

Binmore stimmt Harsanyi darin zu, dass rationale Entscheidungsfinder ihre Entscheidung an dem zu erwartenden Nutzen orientieren sollen. Er betont, das Maximin-Kriterium sei mit der Rationalität unvereinbar, seine Argumentation unterscheidet sich jedoch von der Harsanyis. Binmore lehnt jede Form äußeren Zwangs ab, gleichgültig ob es sich um moralische Richtlinien wie das Naturrecht, Kants kategorischen Imperativ oder eine Staatsmacht nach Hobbes handelt. Hierdurch eliminiert er alle Möglichkeiten außer der egalitären. Sie ist die einzige, die alle Individuen im Voraus in der Erwartung akzeptieren, dass kein Zwang ausgeübt werden darf. Nach Binmore gelangte Rawls mithilfe falscher Begründungen zum richtigen Schluss. Jedoch ist Binmores Bedingung eines totalen Verzichts auf Zwang allzu rigoros, als dass sie generell anzuwenden wäre.

Harsanyi und Binmore sind mit ihrer Ablehnung des Maximin-Kriteriums als Richtlinie in komplexen Entscheidungssituationen zu voreilig. Zwar trifft es zu, dass erwarteter Nutzen in alltäglichen Entscheidungssituationen, welche die individuelle Wohlfahrt lediglich marginal betreffen, gut funktionieren kann, jedoch gilt dies nicht unbedingt für große Entscheidungen, die sich auf das gesamte zukünftige Leben eines Individuums auswirken. Zur Existenz der Theorie vom erwarteten Nutzen müssen bestimmte, allgemeine Voraussetzungen erfüllt sein, unter anderem die, unterschiedliche Ergebnisse objektiv begründeten Wahrheiten zuordnen zu können.[19] Bei einer Vertragssituation ist das nicht der Fall, und deshalb ist eine Anwendung der ökonomischen Nutzen-Theorie nicht möglich. In einer Entscheidungssituation wie dieser kann eine vorsichtigere Entscheidungsstrategie wie das Maximin-Kriterium völlig rational sein.

Das Problem aller Teilnehmer an dieser Diskussion – Rawls, Harsanyi, Binmore und anderen – besteht darin, dass eine einzelne Entscheidungsregel, die den Anspruch erheben kann, die einzig rationale zu sein, nicht existiert. Auf die Rationalität der entscheidenden Individuen als Überbrückungsprinzip zu setzen, ist letztlich nicht ausreichend, um generelle Schlüsse über den Inhalt des Gesellschaftsvertrages zu ziehen. Der Liberalismus hat deshalb keine eigene Antwort auf die verteilungspolitische Frage, die auf externen moralischen Grundlagen beruht.

Der Wert der Ungleichheit

Auch wenn viele liberale Denker das Problem der Gleichheit vielleicht aus Desinteresse vernachlässigt zu haben scheinen, weisen einige auf den positiven Wert von Unterschieden hin. Ein früher Vertreter dieses Denkens war Wilhelm von Humboldt:

»Der Geist der Regierung herrscht in einer jeden solchen Einrichtung, und wie weise und heilsam auch dieser Geist sei, so bringt er Einförmigkeit und eine fremde Handlungsweise in der Nation hervor. […] Mannigfaltigkeit ist das höchste Gut, welches die Gesellschaft gibt, und diese Mannigfaltigkeit geht gewiß immer in dem Grade der Einmischung des Staats verloren.«[20]

Alexis de Tocqueville verwies in seinem Klassiker *Über die Demokratie in Amerika* nicht nur auf die Vorteile der Demokratie, sondern auch auf ihre Risiken – was er im Terminus *Tyrannei der Mehrheit* zusammenfasste.[21] John Stuart Mill stand unter dem Einfluss Tocquevilles und entfernte sich zugunsten der repräsentativen Demokratie von der direkten Demokratie. Mill wollte das Individuum von allen Formen sozialen Drucks schützen, ganz unabhängig davon, ob dieser Druck direkt von anderen oder vom Staat ausgeübt wurde.[22]

Aber das stärkste aller Argumente gegen das kollektive Einwirken auf das Handeln des Einzelnen lautet: Wenn dieses Einwirken auftritt, geschieht es mit größter Wahrscheinlichkeit auf die falsche Art und am falschen Ort.

Mill achtete sorgfältig darauf, in seinen Argumenten die intellektuelle Elite zu verteidigen, die er für eine gute Regierung als unabdingbar erachtete. Er war Gegner einer progressiven Besteuerung, weil er meinte, sie bestrafe diejenigen, die härter arbeiteten und mehr sparten als andere. Eine moderne, eher technisch ausgerichtete Variante dieses Gedankens findet man bei Joseph Schumpeter, der sich besonders für Mechanismen im kapitalistischen System interessierte, die die Tendenz aufweisen, das eigene Fundament zu unterminieren.[23]

Obwohl alle diese Argumente einen Funken Wahrheit enthalten, sind es schwache Argumente gegen den notwendigen Ausgleich in der Verteilung des Wohlstandes. Es trifft zu, dass sich gewisse Unterschiede bei Einkünften und Vermögen mit Unterschieden in Fähigkeit und Anstrengung erklären, bei den meisten ist dies, wie gezeigt wurde, nicht der Fall. Außerdem gibt es keine Garantien dafür, dass sich die regierende Elite über ihren mehr als durchschnittlichen Einfluss auf die Pflege des Reiches hinaus zugunsten von Allgemeininteressen einsetzt. Das Ziel der meisten regierenden Eliten in der Geschichte, mögen sie demokratisch gewählt worden sein oder nicht, war ihr eigener Machterhalt. Das allgemeine Interesse war bestenfalls Mittel zum Erreichen dieses Ziels. Es ist höchst unwahrscheinlich, dass die Unterzeichner des Gesellschaftsvertrages das als ein bedeutendes Argument anerkennen würden.

8 Der Konservatismus: Ungleichheit als Notwendigkeit und Ressource

Ist der Liberalismus schwer zu definieren und zusammenzufassen, gilt das in noch höherem Maße für die weit auseinanderliegenden Ideen, die unter der Fahne des Konservatismus lanciert wurden. Manche Versionen des Konservatismus sind religiös, andere sind agnostisch oder atheistisch ausgerichtet.[1] Legt man eine breitere Interpretation dieses Begriffes zugrunde, beruhen sowohl ältere wie moderne Theokratien auf dem Konservatismus. Frühe moderne Denker des Konservatismus wie David Hume und Edmund Burke schrieben im Rahmen der Aufklärung, während im frühen 19. Jahrhundert Konservative einen Teil der Reaktion gegen die Aufklärung darstellten. Manche haben befürwortet, dass der Staat soziale Institutionen wie die Kernfamilie unterstützen sollte; andere versuchten mit den gleichen Argumenten wie Humboldt und Mill, den Bewegungsspielraum des Staates einzuschränken. Im konservativen Lager gibt es sowohl Freihandelsanhänger wie Protektionisten. Die Liste könnte recht lang werden. Gleichwohl gibt es im konservativen Denken wiederkehrende Themen, die es möglich machen, den Konservatismus mit den Schlusssätzen des vorangegangenen Kapitels in Verbindung zu setzen.

Auf einem grundlegenden Niveau kann man den Konservatismus als *wissensskeptisch* bezeichnen. Diese Form des Skeptizismus nahm im Verlauf der Jahrhunderte unterschiedliche Formen an, vom allgemeinen Skeptizismus eines Hume oder religiös und mystisch orientierten institutionellen Argumenten bei Burke und Joseph de Maistre zu modernen Varianten bei von Hayek und Popper (auch wenn Letztgenannter sich gegen das Epitheton »konservativ« gewehrt hätte). Das Verbindende ist eine allgemeine Hervorhebung der Unwissenheit des Menschen bezüglich fundamentaler, sozialer Prozesse, die dazu benutzt wird, den Status quo zu legitimieren und Reformvorschläge anzuzweifeln. Die Vorstellung, ein Gesellschaftsvertrag könnte von einer Gruppe von Individuen in einem vorsozialen Stadium geschlossen werden, gilt als eine lächerliche oder sogar geradezu gefährliche Idee. Hume befürchtete, Vertragstheorien könnten die Legitimität existierender Regimes unterminieren, und Burke hatte ähnliche Befürchtungen.

Zudem gibt es eine Skepsis gegenüber dem Individuum als Ausgangspunkt in einem sozialen und politischen Theoriegebäude. Ähnliche Kritiker des Individualismus gab es auch außerhalb des konservativen Lagers, zum Beispiel im 19. Jahrhundert unter französischen Schriftstellern wie Balzac, Sainte-Beuve und Lamartine, aber auch unter modernen kommunitären Denkern. Gleichzeitig verteidigen konservative Schriftsteller in der politischen Debatte häufig das Individuum und reduzieren das Problem gern auf ein Kräftemessen zwischen Individuum und Staat. Dies führt zum Missbrauch des Begriffs Individuum, beispielsweise wenn man es auf Unternehmen anwendet, deren wirtschaftliche juristische Mittel denen eines Staates von durchschnittlicher Größe entsprechen. Im Kräftemessen zwischen solchen juristischen Personen und dem Staat ist der Ausgang bei Weitem nicht selbstverständlich.

Eine dritter, gemeinsamer Zug ist die Übereinstimmung bezüglich eines Nutzens der Religion für die soziale Stabilität, auch wenn die Autoren in der Sachfrage unterschiedliche Haltungen einnehmen: Einige halten die Religion für wahrhaftig und deshalb für die natürliche und eigentlich selbstverständliche Grundlage zur moralischen Ordnung der Gesellschaft. Andere sind interessierter am instrumentellen Wert der Religion; der Nutzen ist wichtiger als der eventuelle Wahrheitsgehalt. Letzteres Argument wird offen indes seltener vorgetragen, da es selbstzerstörende Wirkung haben kann.

Das Fehlen eines stabilen Gleichgewichts

Das grundlegende Resultat der Analyse des Verhandlungsspiels – dass ihm eine stabile, egalitäre Gleichgewichtslage fehlt – mag anfangs die konservative Sicht, dass Gleichheit unmöglich ist, scheinbar bekräftigen, was Albert Hirschman als *Futilitätsargument* bezeichnete.[2] Für das konservative Denken war es sehr lange Zeit zentral und lässt sich bei unterschiedlichen Denkern finden, wie zu Beginn des 20. Jahrhunderts bei den klassischen italienischen Soziologen Gaetano Mosca und Vilfredo Pareto und späteren Gesellschaftswissenschaftlern wie Kenneth Boulding und Nathan Keyfitz. Ungleichheit ist jedoch eine graduelle Frage, weshalb der Status quo weiterer Rechtfertigung bedarf. In diesem Punkt haben konservative Denker unterschiedliche Richtungen eingeschlagen.

Im Grunde stellt das Fehlen stabiler Gleichgewichte in einem Verhandlungsspiel, das moralische Forderungen in angemessener Weise erfüllt, für konservative Denker ein potenzielles Problem dar. Ob dies der Fall ist oder nicht, hängt davon ab, welche Ergebnisse des sozialen Zusammenwirkens man zu akzeptieren bereit ist. Generell waren konservative Autoren eher geneigt zu akzeptieren, was die meisten anderen spontan aus moralischen

Gründen ablehnen würden, wie zum Beispiel Frauenunterdrückung und Sklaverei. Häufig geschah das unter dem Hinweis auf Tradition, lokale Sitten und Gebräuche, ein etabliertes Eigentumsrecht und Ähnliches.

In der kritischen und bisweilen ironischen Haltung gibt es eine Kontinuität, wenn man von konservativer Seite die wohlmeinende, aber, wie betont wird, unrealistische Einstellung von Reformpolitikern im Lauf der Geschichte kommentiert. Man betont die Bedeutung von Institutionen für das Wohlergehen des Menschen und bringt das Argument vor, das Fortbestehen dieser Institutionen sei von kenntnisarmen Reformatoren bedroht. Gleichwohl würden moderne Konservative die Sklaverei als Institution nicht akzeptieren.[3] Nozick hingegen tat es und er war unter den Ideologen des 20. Jahrhunderts nicht der einzige.

Legitimitätsprobleme

Der Konservatismus erbt einen großen Teil der Legitimitätsprobleme des Liberalismus. Wenige der abendländischen Konservativen suchen heute zur Legitimierung einer ungleichen Verteilung der gesellschaftlichen Ressourcen lediglich in der Vergangenheit nach Unterstützung; stattdessen wird auf heutige Leistungen der Inhaber von Vermögen und hohen Einkommen hingewiesen. Ebenso trifft man auf Argumente, wie sie im vorangegangenen Kapitel gegen den liberalen Ideenkomplex angeführt wurden. Jedoch gibt es im Konservatismus auch andere, eher rückwärtsgewandte Argumentationslinien. Unter globaler Perspektive ist es absolut notwendig, die Analyse des Konservatismus in geistesgeschichtlichen und religiösen Zusammenhang zu bringen.

Wenn der Zufall eine so bedeutende Rolle spielt, wie aus der früheren Analyse hervorging, stehen die Verteidiger des Status quo vor einem schwerwiegenden Legitimitätsproblem. Wenn kleine, einige Generationen zurückliegende Veränderungen ausschlaggebend dafür sind, wer die Oberhand erlangte, und die Unterschiede später als direktes Ergebnis der sozialen Interaktion verstärkt werden, bleibt unklar, womit die wirtschaftliche Führungsschicht ihre Ansprüche begründet. Das Legitimitätsproblem war sowohl für ältere wie modernere Machthaber und konservative Denker das dominierende Problem. Unterschiedliche Lösungen wurden gesucht. Sieht man von der demokratischen Alternative als Weg zur Erlangung der Legitimität ab, können Machthaber durch das, was sie *tun*, und das, was sie *sind*, Legitimität erhalten. Etwas zu tun, eine Dienstleistung im Tausch gegen Steuern oder Unterwerfung auszuführen, ist als Möglichkeit sicherer – ganz gleich, ob es sich im Kontakt mit den Göttern, die Verteidigung gegen äußere Feinde oder die Aufrechterhaltung von Gesetz und Ordnung handelt. Eine verlockende Möglichkeit ist die Begründung der Autorität mit Taten, die von früheren Generationen vollbracht wurden und an Übertragungsmechanismen wie Erbe oder apostolische Nachfolge gebunden sind, die die Kontinuität begründen. Je weiter sich der Grund zeitlich zurückverlegen lässt, umso größer ist die Möglichkeit, Geschichte außerhalb der Reichweite einer kritischen Prüfung in Legende und Mythos übergehen zu lassen. Für Platon war der Endpunkt dieses Prozesses der edle Mythos – edel (griech. gennaios), weil er das Fundament der sozialen Ordnung darstellt.[4]

Historisch und global bestand die wichtigste Lösung darin, dass man sich auf die Religion stützte. Joseph de Maistre kam mit seiner Lösung des Legitimitätsproblems ungewöhnlich früh, als er feststellte, dass eine Institution umso stabiler werde, je stärker sie sich auf eine göttliche Grundlage berufen könne:

»Wenn ihr auf diese Weise alles bewahren wollt, so heiligt alles.«[5] Diese Idee war im Verlauf der Geschichte die Grundlage vieler Allianzen zwischen weltlichen und religiösen Machthabern, wobei Letztere zur Teilhabe an weltlicher Macht eingeladen wurden, wenn sie Erstere legitimierten. Diese Lösung ist besonders stabil, wenn sich die herrschende Machtstruktur aus alten religiösen Urkunden herleiten lässt. Verliert sich der Ursprung im Dunkel der Geschichte, kann man darauf bestehen, dass ihr Ursprung tatsächlich göttlich ist.

Theoretisch hat die Priesterschaft ein Übergewicht, da sie ihre Macht von den Göttern ableiten kann, praktisch aber mag das anders aussehen. Götter mischen sich selten in die Geschäfte von Menschen ein, und das Monopol der weltlichen Machthaber in Sachen organisierter Gewalt sichert ihnen bei den Verhandlungen eine starke Position zu. Wie die Geschichte zeigt, ist der Ausgang nicht immer vorhersagbar.

Einige Beispiele aus den großen Weltreligionen sollen illustrieren, wie versucht wurde, das Legitimitätsproblem auf religiöser Grundlage zu lösen.[6] Die Ähnlichkeit der erfahrenen Probleme und der Lösungen, die man anzuwenden versuchte, ist auffallend.

Religiöse Grundlage: der Hinduismus[7]

Die frühe indische Geschichte existiert in zwei Versionen. Nach der traditionellen Version wurde der indische Subkontinent, den bis dahin dravidische Sprachen sprechende Völker bewohnten, irgendwann während des zweiten Jahrtausends vor unserer Zeitrechnung von Norden aus besetzt. Die Eindringlinge führten eine streng hierarchisch gegliederte Sozialordnung, den Ursprung des Kastenwesens, ein. Ihr großes Problem neben der Legitimität war der Mangel an Frauen, weshalb es nötig wurde, dass Frauen in der sozialen Hierarchie aufstiegen. Die zweite Geschichtsversion, die von den Angehörigen der höheren gesellschaftlichen Schichten vertreten wird, besagt, alle sozialen Schichten hätten denselben Ursprung in einer einheimischen Bevölkerung, deren Wurzeln es bereits mehrere Jahrtausende vor der Invasion im Tal des Indus gegeben habe.

Ohne DNA-Analysen wäre dieser ideologische Streit vermutlich ungelöst geblieben.[8] 2001 veröffentlichte ein indisch-amerikanisches Forscherteam die Resultate von Analysen mitochondrischer DNA und Y-Chromosomen von Indern, die mit denen entsprechender afrikanischer, europäischer und asiatischer Individuen verglichen wurden. Das Ergebnis war deutlich. Die von mütterlicher Seite vererbte DNA weist größere Ähnlichkeiten mit asiatischer DNA auf, die Ähnlichkeiten mit europäischer DNA steigen jedoch mit höherer Kastenzugehörigkeit. Für von väterlicher Seite vererbte DNA ist die Ähnlichkeit mit europäischen Proben generell größer, mit zunehmender Tendenz in höheren Kasten. Das Bild unterstützt somit die Tradition von einer Invasion einer männlich dominierten indoeuropäischen Volksgruppe, die sich als Gesellschaftsführer etablierte und die soziale aufwärtsstrebende Mobilität von Männern verhindert, eine gewisse Mobilität unter der weiblichen Bevölkerungshälfte aber zulässt. Jedoch ist dies eine vergleichsweise neue Information und es wird abzuwarten sein, welche Effekte sie für die Legitimität der sozialen Struktur der indischen Bevölkerung haben wird. Bislang gilt die traditionelle, nach ihrer Natur religiöse Legitimierung.

Der Grundriss einer guten Gesellschaft sind im Hinduismus *Manus Gesetze*.[9] Eine skizzierte Darstellung findet sich in den klassischen Texten *Rigveda* und *Bhagavad Gita*, die vermutlich 1500 und 1000 vor unserer Zeitrechnung zusammengestellt wurden. In endgültigerer Form sollen sie vom großen Manu aufgezeichnet und von seinen Schülern und Nachfolgern weitergegeben worden sein, um schließlich während des 1. oder 2. Jahrhunderts zu ihrer endgültigen Form zu gelangen. Das Werk besteht aus ungefähr 2700 in zwölf Büchern gesammelten Versen und erhielt in Sanskrit den Namen *Manusmriti* oder *Manavadharmashastra*. Das Wort *Manava* ist der Genitiv von Manu, bedeutet aber auch *menschlich*. Die zweite Form kann also ein wenig hochmütig als »Gesetze für das Menschengeschlecht« gedeutet werden.

Manus Gesetze gehört zu einer Art politischer Philosophie, die bis ins Detail eine Idealgesellschaft definiert – was man essen oder meiden soll, mit wem man sich verheiraten soll, Verbrechen und Strafe, der Platz der Frau in der Gesellschaft und so weiter. Wie Platons Staat, mit dem sie gewisse Ähnlichkeit haben, beschreiben *Manus Gesetze* einen Idealzustand und eine Ordnung der Dinge, die herrschen muss, damit die Gesellschaft nicht im Chaos versinkt.

Die beschriebene Welt ist von Chaos tief geprägt. Einen modernen Leser erinnert sie an sozialdarwinistische Texte des späten 19. Jahrhunderts und ist obendrein von recht schlichter Art. Die beiden zur Verfügung stehenden Möglichkeiten lauten: fressen oder gefressen werden. Das Resultat ist eine Nullsummenvision der Gesellschaft, in welcher der Gewinn jedes Menschen der Verlust eines anderen ist. In einer solchen Gesellschaft gibt es wenig Raum für Kooperation oder Fortschritt.

Eine der Kernmetaphern ist, dass es sich bei der Gesellschaft, *Varna*, um einen menschlichen Körper handelt. Die religiöse Elite, die *Brahmanen*, sind der Kopf, die Krieger, *Kshatriya*, die Arme, *Vaishya*, Handelsleute und Handwerker, die Schenkel nd die Dienstboten, *Shudra*, die Füße des Körpers. In Verbindung mit der Vorstellung, dass alles unterhalb der Taille unrein ist, wurde damit eine unveränderbare Einteilung der Menschen in Hochstehende und Niedere eingeführt – die Einteilung kann nicht verändert werden, weil der Körper des Menschen nun einmal nicht anders aussieht. Eine weitere Vorstellung, die Seelenwanderung, komplettiert die Konstruktion. Die Behauptung, jeder Mensch erhalte, was er als Ergebnis seiner Taten in früheren Leben verdiene, ist eine Vorstellung, die weder bekräftigt noch widerlegt werden kann, und aus machtpolitischer Perspektive genial. Ein Mensch mit hoher gesellschaftlicher Position wird für seine früheren Handlungen belohnt; ein kastenloser auf dem Grund der Gesellschaft hat schlecht gehandelt, sonst befände er sich nicht dort. Eine kraftvollere Bestätigung des Status quo kann man sich kaum vorstellen.

Zwischen den beiden führenden Schichten, Priestern und Kriegern, existiert eine natürliche Spannung. Die religiöse Elite begnügte sich selten mit ihrem Monopol auf Kontakt zur höheren Welt, sondern erhob auch Ansprüche auf weltliche Macht. Manche der Forderungen, wie sie in *Manus Gesetzen* gestellt werden, sind alles andere als sakral:

> »Denn wenn ein Priester geboren wird, wird er auf dem Gipfel der Welt geboren als Herr über alles Lebende, um den Schatz der Religion zu verteidigen. All das gehört dem Priester, was im Universum vorhanden ist; der Priester verdient es wegen seiner Vortrefflichkeit und seiner hohen Herkunft. Der Priester verzehrt, was ihm zukommt, er trägt Kleider, die ihm zukommen, und er vergibt, was ihm gehört; andere Menschen leben durch Gnade des Priesters [...] Und findet ein gelehrter Priester einen Schatz, der bislang verborgen war, kann er Beschlag auf alles legen ohne Abgeltung, denn er ist Herr von allem.«[10]

Die aus der Fusion zwischen der einheimischen Bevölkerung und den indoeuropäischen Eindringlingen entstandene Kultur scheint um das Jahr 1000 vor unserer Zeitrechnung etabliert gewesen zu sein. Der erste heilige Text, *Rigveda*, ist die ideologische Bestätigung dessen. Nach dem herkömmlichen Muster büßte die führende Schicht allmählich ihre Machtstellung ein, und im 6. Jahrhundert wuchsen der Buddhismus und der Jainismus als andere Möglichkeiten heran. Sie wurden in derselben führenden religiösen und politischen Elite geschaffen, die den Glauben dominierte, was für sich genommen ein Zeichen sozialer Auflösung ist.

Weitere 500 Jahre später war die Zeit reif für eine brahmanische Renaissance. Der Hinduismus wuchs als erneuerte Form des Brahmanismus heran und wurde in Manus Gesetzen kodifiziert. Steuermittel, die früher an Buddhistenklöster gegangen waren, wurden zu brahmanischen Gruppen umdirigiert. Buddhistische Zentren verloren allmählich ihren Einfluss, weshalb das Überleben des Buddhismus in seinem Ursprungsland bedroht war, als er sich in Zentral- und Ostasien als bedeutende religiöse und soziale Kraft etabliert hatte. Als die Brahmanen die Kontrolle über die Rechtsprechung als eine Prozedur für die lokale Konfliktlösung erlangt hatten, die an muslimische Länder erinnert, wurde ihre Position auch gegenüber der Kriegerkaste gestärkt.

Mit der Zeit wurden die unterschiedlichen sozialen Implikationen der beiden Religionen deutlicher. Sowohl der Hinduismus wie auch der Buddhismus ließen sich ursprünglich mit dem Kastenwesen vereinen, beim Buddhismus aber lag der hauptsächliche Grund in der Abkehr des Interesses für diese Welt. Nach und nach nahm der Buddhismus jedoch zunehmend egalitäre Züge an und der Konflikt mit der Kastengesellschaft verschärfte sich. Als sich die indische Selbstständigkeit in der ersten Hälfte des 20. Jahrhunderts zur realistischen Möglichkeit entwickelte, war eine durchdachte Strategie im Verhalten zum sozialen Erbe, wie es das Kastenwesen darstellte, vonnöten. Hinduistische Traditionalisten mit starkem Halt in den höheren Kasten befürworteten eine Rückkehr zu präkolonialen Werten. Eine andere Phalanx, zu der auch Mohandas Gandhi gehörte, sah im Kastenwesen einen wesentlichen Teil der indischen Kultur, versuchte es jedoch mit einer egalitären Menschensicht zu kombinieren. Die Unterschiede, die durch die Kastenzugehörigkeit zum Ausdruck kamen, sollten keinen legitimen Grund bieten, den einen Menschen höher zu bewerten als den anderen. Gandhi plante auch, die Kastenkategorien als Instrument zur Steigerung der sozialen und ökonomischen Gleichheit im Lande anzuwenden, eine Strategie, die sich indes als weniger erfolgreich erwies.

Eine dritte Phalanx war klar und vorbehaltlos gegen das Kastenwesen. Das beste Beispiel war Bhimrao Ramji Ambedkar, selbst mit kastenlosem Hintergrund. Ambedkar promovierte 1917 an der Columbia University in Soziologie und kehrte anschließend nach Indien zurück, um den Kampf gegen eine, nach seiner Ansicht, Institution der Schande aufzunehmen. 1927 verursachte Ambedkar eine Debatte, indem er ein Exemplar von *Manus Gesetzen* öffentlich verbrannte. 1956 verließ er den Hinduismus formal und trat zum Buddhismus über und viele Kastenlosen folgten seinem Beispiel. Hinduistische Führungspersönlichkeiten reagierten hierauf nervös.

An der Schwelle zum 21. Jahrhundert wiederholte sich die Geschichte. Nachfolger von Ambedkar verbreiteten seine Mahnung aufs Neue und erhielten eine Reaktion durch Übertritte zum Buddhismus. Als Gegenmaßnahmen boten hinduistische Führer den Konvertiten für den Fall einer Rückkehr zur alten Religion eine höhere Stellung im Kastensystem an. Offenbar ist es möglich, über die heilige soziale Ordnung zu verhandeln.

Religiöse Grundlage: das Christentum

Das Christentum kultivierte während seines Bestehens andere Beziehungen zur weltlichen Macht als der Hinduismus. Entwickelte sich der Hinduismus spezifisch, um eine von einer Kriegerkaste von außen aufgezwungene Machtstruktur zu legitimieren, entwickelte sich das Christentum von einer ursprünglich machtlosen zur dominierenden Religion in jenen Gebieten, in die es verbreitet worden war. Der Erfolg erklärt sich damit, dass sich die religiösen Führer geschickt den weltlichen Machthabern anpassten, mit denen sie interagierten.

Den Schlüsselpersonen der frühen Entwicklung Jeshua (Jesus) und Shaul (Paulus) war es wichtig, die römische Obrigkeit nicht zu provozieren. Die Ansichten von Jesus kennen wir natürlich nur in der redigierten Form, wie sie sich in den Evangelien findet. Hier wird der weltferne Charakter der Verkündung unterstrichen: »Mein Reich ist nicht von dieser Welt.« Effektiv und belastbar wird diese Botschaft in dem Rat zusammengefasst: »So gebet dem Kaiser, was des Kaisers ist, und Gott, was Gottes ist.«

Das Evangelium des Paulus ist in diesem Punkt weiterentwickelt, möglicherweise, weil es speziell zur Entwaffnung und Entschärfung der gefährlichen Verbindung zwischen religiöser Hingabe und jüdischem Nationalismus geschaffen wurde.[11] Im Römerbrief wird etabliert, was zum Eckstein der Argumentation der despotischen Monarchien für ein Königtum nach Gottes Gnaden werden sollte:

> »Jeder soll sich den bestehenden staatlichen Gewalten unterordnen. Denn es gibt keine Autorität, die nicht von Gott kommt. Jede staatliche Autorität ist von Gott eingesetzt. Wer sich also den Behörden widersetzt, handelt gegen die

von Gott eingesetzte Ordnung und wird dafür von ihm bestraft werden.

[…]

Und weil die Beamten als Beauftragte des Staates ihren Dienst im Auftrag Gottes ausüben, zahlt ihr ja auch Steuern. Gebt also jedem, was ihr ihm schuldig seid. Zahlt die Steuern, die man von euch verlangt, ebenso den Zoll. Unterstellt euch der Autorität des Staates, und erweist denen, die Anspruch darauf haben, den notwendigen Respekt.«[12]

Vor dem Hintergrund solcher Botschaften erkennt man unschwer, welche wichtigen Schritte Manegold von Lautenbach und Marsilius von Padua unternahmen, als sie während des Mittelalters eine selbstständige Theorie der politischen Legitimität entwickelten und das Wagnis auf sich nahmen, einen Keil zwischen die geistliche und die weltliche Macht zu treiben.

Als das Christentum während des Römischen Reiches heranwuchs, waren Anpassungen auf beiden Seiten nötig.[13] Konstantin erkannte die Vorteile einer Integration der wachsenden Christenheit und verlieh Anfang des 4. Jahrhunderts dem Christentum den Status einer anerkannten Religion. Im Gegenzug milderten die christlichen Führer das Verbot zu töten ab, das für Christen für den Dienst in der kaiserlichen Armee ein Hindernis dargestellt hatte. Im selben Jahrhundert wurde das Christentum Staatsreligion des Kaiserreiches.

Während der weiteren Verbreitung über Europa wurde das Christentum von oben etabliert. Hierdurch gerieten die religiösen Leiter in Abhängigkeit von der weltlichen Macht, die im Gegenzug den Segen der geistlichen Macht bezüglich der herrschenden Machtstruktur erhielt und als Bonus Lese- und Schreibfertigkeit und administrative Kenntnisse.

Dieses labile Gleichgewicht zwischen geistlicher und weltlicher Macht wurde gestört, als Hildebrand zu Papst Gregor VII wurde und die kaiserliche Hoheit herausforderte, indem er verlangte, dass der Kaiser sich dem Papst unterwerfe.[14] In seinem 1075 unter dem Titel *Dictatus papae* vorgelegten Reformprogramm skizzierte Hildebrand in 27 kurzgefassten Thesen eine neue Weltordnung, die vom Papst und nur vom Papst geleitet werden sollte. Nach dem *Dictatus* sollte der Papst unter anderem folgende Privilegien genießen:

- Dass es allein ihm erlaubt ist, entsprechend den Erfordernissen der Zeit, neue Gesetze zu erlassen.
- Dass alle Fürsten nur des Papstes Füße küssen.
- Dass es ihm erlaubt ist, Kaiser abzusetzen.
- Dass sein Urteilsspruch von niemandem widerrufen werden darf und er selbst als Einziger die Urteile aller widerrufen kann.
- Dass er Untergebene vom Treueid gegenüber sündigen Herren lösen kann.

Keiner der Partner ging aus diesem Kräftemessen mit einem entscheidenden Sieg hervor, und als einige Jahrhunderte später in ganz Europa die Privilegien der Kirche und des Adels infrage gestellt wurden, vereinigten sie sich zur Verteidigung dieser Privilegien – eine Koalition, die bis in unsere Zeit andauerte.

Die Verwendung der Bibel zur Unterstützung etablierter Machtstrukturen unterschied sich von der Verwendung der Gesetze Manus in der hinduistischen Gesellschaft. Im Unterschied zum Hinduismus und zum Judentum, von dem das Christentum den Hauptteil des heiligen Textes übernahm, wurde hier insgesamt darauf verzichtet, im Detail vorzuschreiben, wie eine Gesellschaft zu organisieren und zu regieren sei. Auch wenn die Thora in ihrer Gesamtheit in die Bibel aufgenommen wurde, ignorierte man die meisten Vorschriften und ersetzte sie durch die ziemlich abstrakten und kurzgefassten Empfehlungen des Neuen Testaments, gemeinsam mit jenem oben zitierten Freibrief für die weltliche Macht im Brief an die Römer.

Die Bibel ließ sich auch zu spezielleren Zwecken verwenden. Beim Alten Testament handelt es sich um einen höchst heterogenen Text, was bei einem Text, der über einen derart langen Zeitverlauf zusammengetragen wurde, nicht eben verwundern dürfte. Zudem wurde das Alte Testament um Entlehnungen aus nichtjüdischen Quellen bereichert. Das Hohe Lied ist ein glänzendes Beispiel für Übernahmen aus dem sumerischen Kulturkreis.[15] Dieser Textsammlung wurden weit später jene Texte hinzugefügt, die gemeinsam das Neue Testament bilden. Statt spezielle Regeln für das tägliche Leben zu formulieren, wie *Manus Gesetze*, bietet die Bibel ein Füllhorn an Mythen, Botschaften und historischen Fragmenten, in denen die meisten Machthaber Textstellen finden konnten, die ihre Position unterstützten. In vielen Punkten sind die Texte voller Widersprüche, interne Konsistenz ist jedoch keine Voraussetzung für heilige Texte.

Ein interessantes Beispiel in dieser Hinsicht ist die Sklaverei. Die Annahme liegt nahe, die Sklaverei verstoße auf fundamentale Weise gegen den Gedanken, dass Gott die Menschen als sein Ebenbild geschaffen hat – was gebührenderweise Gleichheit zwischen den Menschen garantieren sollte. Im Gegenteil wurden ausgewählte Teile der Bibel als Argumente zur Rechtfertigung der Sklaverei verwendet. Beim Schlüsseltext, Noahs Fluch, handelt es sich um ein recht unklares Stück aus dem 9. Kapitel des 1. Buchs Mose, das lautet:

»Noah aber wurde nun ein Landmann und legte einen Weinberg an. Als er aber von dem Wein trank, wurde er betrunken und entblößte sich in seinem Zelt. Und Ham, der Vater Kanaans, sah die Blöße seines Vaters und erzählte es seinen beiden Brüdern draußen. Da nahmen Sem und Japhet das Gewand und legten es auf ihre Schultern und gingen rücklings und deckten die Blöße ihres Vaters zu und wandten ihre Angesichter ab, damit sie die Blöße ihres Vaters nicht sahen.

Als nun Noah von dem Wein erwachte und erfuhr, was ihm sein jüngster Sohn getan hatte, da sprach er: ›Verflucht sei Kanaan! Ein Knecht der Knechte sei er seinen Brüdern!‹ Und weiter sprach er: ›Gepriesen sei der HERR, der Gott Sems, und Kanaan sei sein Knecht! Gott aber breite Japhet aus und lasse ihn wohnen in den Zelten Sems, und Kanaan sei sein Knecht!‹«[16]

Einem modernen Leser mag dieses Ereignis etwas unlogisch erscheinen. Noah ist betrunken und schläft nackt in seinem Zelt. Sein Sohn Ham sieht ihn zufällig in diesem Zustand und erzählt seinen Brüdern, was er gesehen hat. Als Noah seinen Rausch ausgeschlafen hat, erfährt er, was sich zugetragen hat, und er verurteilt nicht seinen Sohn Ham, sondern seinen Enkel Kanaan zur Sklaverei. Derjenige, der sich hier eines Vergehens schuldig gemacht hat, ist logischerweise Noah selbst. Außerdem bleibt unklar, warum Kanaan für ein Verbrechen, das angeblich sein Vater begangen hat, zur Sklaverei verurteilt werden soll. Interessanter als diese Widersprüche ist indes, welche Verwendung diese Geschichte gefunden hat.

Der wahrscheinliche Ursprung, vor dem Hintergrund des Namens Kanaan, ist vermutlich ein territorialer Konflikt zwischen Israeliten und Kanaaniten. Die Thora enthält viele Beispiele für

Konflikte zwischen der israelitischen Monarchie und den Nachbarvölkern und außerdem recht brutale Rezepte dafür, wie mit diesen Konflikten umzugehen sei – ein Instrument für den Bau der Nation. Das Jubiläenbuch, auch als Kleine Genesis bezeichnet und vermutlich im zweiten Jahrhundert vor unserer Zeitrechnung geschrieben, erzählt die Geschichte aus dem Ersten Buch Mose nach, fügt aber eine ausführliche Geschichte hinzu, wie die Welt zwischen den Söhnen Noahs aufgeteilt wurde, sodass Ham Afrika erhielt. Dies greift einigen Themen voraus, die später von den Befürwortern des Rassismus und der Sklaverei aufgegriffen werden sollten, namentlich der Verbreitung und der Differenzierung.

Frühe jüdische Kommentatoren brachten die Gestalt Hams in wachsendem Ausmaß mit gröberen Verbrechen in Verbindung, die über den Bericht von der Nacktheit seines Vaters hinausgehen: mit Sodomie, Ehebruch und sogar der Kastrierung des Vaters.[17] Und auch mit einer schwarzen Hautfarbe, was der Wegbereiter rassistischer Vorstellungen war. Als das Christentum die Thora übernahm und sie in Altes Testament umbenannte, wurden Ham und seine Nachkommen von autoritativen Kirchenvätern wie Origines, Augustinus und Ambrosius von Mailand ebenso mit Sünde und Sklaverei in Verbindung gebracht. Augustinus sagte, Sklaverei sei eine Strafe für begangene Sünden und lieferte damit eine sich selbst bestätigende Diagnose der Lebenssituation des Sklaven. Etwas eigenartig, vor dem Hintergrund einer langen antijüdischen Tradition innerhalb des Christentums jedoch begreiflich, ist die Identifizierung Hams mit den Juden, die Christus nackt am Kreuz sahen – eine weitere Illustration dafür, wie formbar die religiösen Texte in den Händen geschickter Interpreten sind.

Im 15. Jahrhundert, als Spanier und Portugiesen in größerem Umfang mit dem Sklavenhandel begannen, diente der Fluch

Noahs als Legitimierung für den afrikanischen Sklavenhandel. Um das Jahr 1700 wurde er zur Verteidigung der Sklaverei in Nordamerika herangezogen und während des 18. und 19. Jahrhunderts war er eines der Hauptbestandteile der Sklavendoktrin.

Während des Mittelalters wurde Noahs Fluch auch zur Rechtfertigung der Dominanz des Adels und der Priesterschaft über den dritten Stand genutzt, in diesem Falle spielten Bauern die Hauptrollen als Ham und Kanaan – ein weiteres Beispiel für die flexible Einsatzfähigkeit religiöser Mythen in ideologischem Zusammenhang.[18]

Die Bedeutung eines hohen Alters der Legitimierung ist in der Geschichte des Christentums besonders wichtig. Objektiv gesehen fällt es schwer, das Christentum als Fortsetzung des Judentums in jener Weise zu sehen, wie es sich dem christlichen Mainstream darstellte. Schließlich hatten sich Paulus und die Kirchenväter des größten Teils des jüdischen Erbes der Thora entledigt. Noch nicht einmal die Zehn Gebote – der Kern der jüdischen Ethik – blieb unbeschadet, obwohl der Meister selbst seine Gesetzestreue beteuerte: »Denn wahrlich, ich sage euch: Bis Himmel und Erde vergehen, wird nicht vergehen der kleinste Buchstabe noch ein Tüpfelchen vom Gesetz, bis es alles geschieht.«[19]

Das zweite Gebot, das Verbot der Herstellung von Abbildungen Gottes aus dem 2. Buch Mose, Kap. 20, wurde ganz einfach gestrichen, und das zehnte Gebot wurde in zwei Hälften geteilt, um die Anzahl zehn beibehalten zu können. Die Anfertigung von Bildern unterschiedlicher Inkarnationen der Heiligen Dreifaltigkeit war offenbar eine allzu kraftvolle Waffe im Kampf um die Seelen, als dass die frühen christlichen Führer darauf hätten verzichten können. Der logische Schluss wäre eine Begrenzung des zentralen religiösen Erbes auf die Evangelien, die Paulus-

Briefe und die übrigen Schriften gewesen, die sich im Neuen Testament finden, und damit eine Anerkennung des wirklich neuen Charakters des Christentums. Das wurde auch zu Beginn des 2. Jahrhunderts von Marcion vorgeschlagen, der deshalb zum Ketzer abgestempelt und exkommuniziert wurde. Das Ehrfurcht gebietende Alter des jüdischen religiösen Erbes wurde offenbar – und vermutlich korrekt – als unschätzbarer Gewinn für eine Kirche angesehen, die auf dem religiösen Schauplatz um Dominanz kämpfte.

Religiöse Grundlagen: der Islam[20]

Auf einer Skala zwischen den Detailregelungen des sozialen Lebens im Hinduismus und der eher abstrakten Legitimierung herrschender Machtstrukturen durch das Christentum, steht der Islam dem Hinduismus näher. Im Unterschied zum Christentum entwickelte sich der Islam ausgehend von einer Machtposition und war darum zu Kompromissen mit der weltlichen Macht in der Frage, wie eine Gesellschaft zu regieren sei, nicht gezwungen. Religion, Staat und Gesellschaft waren von Anfang an miteinander verwachsen und bildeten zusammen die muslimische Nation *Umma*. Im orthodoxen Islam ist die europäische Unterscheidung zwischen Staat und Gesellschaft, die gewöhnlich mit Jean Bodin verknüpft wird, undenkbar. Das Gleiche gilt für die Trennung von Kirche und Staat, eine Unterscheidung, auf deren Aufrechterhaltung Kirchenväter wie Origines sehr bedacht waren, die aber später, als sie auf den Geschmack weltlicher Macht gekommen waren, verwischt wurde.

Da die soziale Ordnung nach dem Islam wie alles andere auf Erden göttlichen Ursprungs ist, bedarf sie keiner weiteren Legitimierung. Die übernatürliche Weisheit wurde den Menschen offenbart und es kommt ihnen nicht zu, Fragen nach ihrem Ursprung oder anderen Möglichkeit, zum Status quo zu stellen. Die maßgeblichen Quellen sind selbstverständlich der Koran und die *Sharia*, die aus ihm hervorging. Entscheidend für die Legitimierung dieser Quellen ist die Vorstellung, dass die Gesetze dem Propheten direkt von der maßgeblichen Gottheit vermittelt wurden, und orthodoxe Muslime bestehen darauf, dass ihm die gesamte Botschaft während seines Lebens vermittelt wurde. Moderne Forschungsarbeiten zweifeln die Vorstellung an und vertreten die Ansicht, dass es fast ein halbes Jahrtausend dauerte, bis der Islam seine gegenwärtige Form erreicht hatte.[21]

Der Islam und der Hinduismus haben viele Parallelen und der muslimische Denker al-Biruni aus dem 11. Jahrhundert betrachtete das indische Kastenwesen als vorbildliche soziale Hierarchie, jedoch heben sie ihre Legitimität auf unterschiedliche Weise hervor.[22] Im Islam ist der Koran die Grundlage der sozialen Ordnung und seine Bedeutung liegt darin, dass er seine endgültige Form zu einem bestimmten Zeitpunkt erhalten hat. Die nächstgelegene Entsprechung im Hinduismus sind *Manus Gesetze*, die hinduistische Doktrin tendiert jedoch dazu, die vorhistorische Tradition zu unterstreichen, die hinter diesem Text steht. Eine typisch moderne Einführung in den Hinduismus erwähnt Manu nur nebenbei und verweist stattdessen auf die sehr lange Reifeperiode: »Es kann kein Zweifel daran herrschen, dass der Hinduismus sehr weit in der Geschichte zurückreicht.«[23]

Ganz unabhängig davon, auf welchen Grund zur Legitimierung man sich bezieht, die Gesellschaft ändert sich ständig und Situationen, die in den religiösen Urkunden nicht vorausgesagt wurden, müssen auf die eine oder andere Weise bewältigt werden. In einer Theokratie versucht die religiöse Elite selbstverständlich, Anspruch auf das Exklusivrecht zu erheben, das Regelwerk entsprechend der Bedürfnisse anzupassen.

Nach der muslimischen Weltsicht gilt eine gesellschaftliche Hierarchie als Voraussetzung der Ordnung und als die natürliche Konsequenz einer Arbeitsteilung innerhalb der Gesellschaft:

> »Sind sie es, die die Barmherzigkeit deines Herrn zu verteilen haben? Wir Selbst verteilen unter ihnen ihren Unterhalt im irdischen Leben, und Wir erhöhen einige von ihnen über die andern in den Rängen, auf daß die einen die andern in Pflicht nehmen mögen. Und die Barmherzigkeit deines Herrn ist besser als das, was sie aufhäufen.
>
> Das ist Allahs Huld; Er gewährt sie, wem Er will; und Allah ist der Herr großer Huld.«[24]

Das Argument lautet, Menschen seien zu gleich, als dass sich beim Fehlen einer äußeren Kraft und ohne göttliche Intervention einer dem anderen zu unterwerfen habe.[25] Erst durch göttliches Eingreifen werde einer über den anderen erhoben und mit der nötigen Autorität betraut.

Nach dem ersten muslimischen Bürgerkrieg kurz nach dem Tod des Propheten, der in die Aufspaltung in Sunni- und Schia-Fraktionen endete, ließ sich die Vorstellung von einer islamischen Einheit weder auf dem religiösen noch auf dem politischen Feld aufrechterhalten. Muslimische Denker mussten über die gleichen Legitimitätsprobleme nachdenken, mit denen sich ihre europäischen Kollegen während des Mittelalters herumschlugen. Soll das Staatsoberhaupt nach wie vor als religiöser Führer betrachtet werden? Wie soll man sich verhalten, wenn mehrere Führer um die Macht konkurrieren? Ist die Absetzung eines Tyrannen legitim? Allgemein gültige Antworten auf diese Fragen wurden nicht gegeben. Ein Verweis auf das allgemeine Interesse entsprechend der Formel »Stimme des Volkes, Stimme

Gottes« war im Islam keine Lösung, wo die Gesellschaft eher von einem Gott als vom Volk regiert wurde.

Die Sklaverei, dem äußersten Kriterium dessen, was ein Moralsystem zulässt, scheint der Koran, so wie auch zeitgenössische christliche Quellen, für eine Selbstverständlichkeit zu halten.[26] Nach dem islamischen Gesetz konnten im Prinzip Nichtmuslime als Sklaven gehalten werden; die Legitimierung bestand darin, dass die Sklaverei Nichtmuslimen die Gelegenheit geben sollte, zum rechten Glauben zu konvertieren. Eine Restriktion, die selten aufrechterhalten wurde. Bezüge zu Noahs Fluch und die Verbindung von Hautfarbe und Sklaverei tauchten früh in der islamischen Literatur auf. Das war jedoch auch mit Argumenten gegen die Sklaverei der Fall, das Bild ist also nicht einheitlich.

Aus historischer Perspektive scheint der muslimische Sklavenhandel weder weniger umfangreich noch weniger brutal gewesen zu sein wie seine europäische Entsprechung.[27] Außerdem wurde der Sklavenhandel in der muslimischen Welt auch sehr viel länger betrieben. Als die Sklaverei schließlich um die Mitte des 19. Jahrhunderts in der westlichen Welt und in Russland moralisch unhaltbar wurde, wurde er hauptsächlich (aber nicht ausschließlich) in arabischen Ländern weiter betrieben. Während des Ersten Weltkrieges wurden die internationalen Bemühungen zu seiner Abschaffung intensiviert, stießen jedoch in der muslimischen Welt auf starken Widerstand. Eine besondere Herausforderung war der mit der Pilgerreise nach Mekka (dem *Hadsch*) verbundene Sklavenhandel. Während des *Hadsch* wurden in Saudi-Arabien jährlich Spitzenpreise erzielt. Große Pilgerscharen, häufig junger Menschen, wurden zu einer Reise zum kulturellen Zentrum, oft in Verbindung mit einem Mentor, verlockt und bei der Ankunft stattdessen als Sklaven verkauft.

Erst 1980 erklärte die Islamische Republik Mauretanien die Sklaverei für ungesetzlich – ein wenig überraschend, da die Sklaverei in diesem Land, das zu dieser Zeit französische Kolonie war, bereits seit 1905 als offiziell abgeschafft galt. Die Initiative schien jedoch halbherzig erfolgt zu sein, da sie auf grundlegenden Menschenrechten nach westlichem Modell beruhten, während gleichzeitig bei einem Konflikt zwischen den Grundgesetzen und den muslimischen Gesetzen die Sharia-Gesetze zur Anwendung kommen. Als die neuen Gesetze erprobt wurden, stuften Sharia-Gerichte die Rechte der Sklavenbesitzer zugunsten der Rechte von Sklaven herunter. Noch 1999 galt die Sklaverei in Mauretanien als ernstes gesellschaftliches Problem und die Situation ist bis ins 21. Jahrhundert unklar geblieben. Auch anderswo kehrte das Problem zurück, so beispielsweise Mitte der 1980er-Jahre im Sudan.

Säkulare Grundlagen

Auch wenn die religiöse Lösung des Legitimierungsproblems historisch gesehen die wichtigste war, zwang die Aufklärung konservative Kreise zur Vorlage neuer Argumente. Für David Hume war der Status quo ganz einfach die offensichtliche Lösung des politischen Problems. In seiner Abhandlung über die menschliche Natur verwendete er folgende Überlegung über die Verteilung von Eigentum unter Bürgern einer Gesellschaft:

> »[. . .] es wird ihm gleich als das natürlichste Mittel der Auskunft beifallen, dass jeder dasjenige kontinuierlich zur Benutzung behält, wovon er gegenwärtig Herr ist, und dass das Eigentum oder die beständige Besitzung mit der unmittelbaren Besitzung verbunden wäre. So ist die Wirkung

der Gewohnheit; sie söhnt uns nicht nur mit einem Ding, das wir lange besessen haben aus, sondern bringt uns auch eine Neigung gegen dasselbe bei und macht, dass wir es anderen Dingen vorziehen, die an sich weit mehr wert, uns aber weniger bekannt sind. Was immer unter unseren Augen gewesen ist, und stets zu unserm Vorteil gebraucht worden ist, davon trennen wir uns allemal ungern; hingegen können wir solche Güter, die wir nie genossen haben und woran wir nicht gewöhnt sind, sehr leicht entbehren. Und hieraus ist also begreiflich und offenbar, weshalb die Menschen sich leicht in diesem Auswege vereinen würden, dass jederman das behält, was er bis jetzt besessen hat.«[28]

Humes optimistische Hypothese über eine allgemeine Akzeptanz des Status quo wurde von der Geschichte nicht bestätigt. Brian Barry hat einige der Probleme mit Humes Theorie diskutiert. Erstens setze sie die Existenz eines Status quo voraus, was nicht immer der Fall sei, beispielsweise nach einem Krieg oder einer Entkolonisierung. Auch unter weniger chaotischen Verhältnissen ist es eine Tatsache, dass sich die Gesellschaft verändert; halb im Scherz heißt es, dass jede Generation Konservativer das verteidige, was ihre Vorgänger bekämpften. Eingehender betrachtet können Hinweise auf den Status quo nicht überzeugen, wenn die Bürger begonnen haben, Fragen über ihre Lage zu stellen.

Das Standardargument von konservativer Seite lautet ansonsten, dass bereits die Existenz eines Status quo seine Rationalität zeigt.[29] Die Formulierung von Joseph de Maistre lautete: »Gewohnheit ist die Mutter der Legitimität.« Burke erklärte die Gewohnheit zu unserer zweiten Natur, eine These, die später gern wiederholt wurde. In Ermangelung weiterer Argumente kommt sie den Überlegungen des Doktor Pangloss' in Voltaires

Candide gefährlich nahe, wir lebten in einer Welt, in der alles auf das Beste geregelt sei, denn wäre es nicht das Beste, wäre es nicht auf diese Weise geregelt.

Wenn die Geschichte im Begriff steht, allzu sehr in Mythos überzugehen, sehen die führenden Schichten häufig einen Weg darin, auf eine direkte Verwandtschaft mit den ersten Menschen hinzuweisen, die ein Territorium besiedelt haben. Dies ist die Ursache dafür, dass in der unter dem Apartheid-Regime herausgegebenen offiziellen Version der Geschichte Südafrikas behauptet wurde, das Land sei vor der Ankunft ungefähr um das Jahr 1600 unbesiedelt gewesen, und auch dafür, dass ältere archäologische Funde in den archäologischen Instituten der südafrikanischen Universitäten buchstäblich versteckt wurden.[30] Die Grenze ist nicht scharf gezogen; im Mittleren Osten werden solche Argumente mit religiösen oder quasi-religiösen Argumenten vermengt.

Eine Alternative besteht im Anlegen einer vorsichtigen evolutionären Perspektive an die Ideologie des Status quo. Die Gesellschaft wird in diesem Fall als System aus Regeln betrachtet, die ständig im Licht der Erfahrung justiert werden und damit ihre Rationalität behalten. Mit solcher Ausformung nähert sich die konservative Ideologie dem Liberalismus und häufig fällt es schwer, konservative Liberale wie von Hayek von dieser Form des Konservatismus zu unterscheiden. Jedoch birgt diese Analogie zur biologischen Evolution ihre Risiken und modernere Konservative pflegen organischen Theorien mit Skepsis zu begegnen.

Etwas überraschend verwendet de Maistre, dieser überzeugte antiliberal-konservative Denker in einem seiner Werke ein utilitaristisches Argument, das verwirrende Ähnlichkeit mit Jeremy Benthams aufweist: »Die beste Regierung für jedes Land ist jene, die auf dem aktuellen Territorium das größte Ausmaß an

Glück und Stärke für die größte Anzahl von Menschen für so lange Zeit wie möglich produzieren kann.«[31] Diese Argumentationsform ist unter Konservativen jedoch selten, aus dem einfachen Grund, dass die Ableitung des Status quo aus einer so abstrakten Formel äußerst kompliziert ist. Dazu gehört, dass die Formulierung nicht zu einem mathematisch sinnvollen Problem führt und dass es darum noch nicht einmal in der besten aller Welten eine Lösung gibt.

Die Umverteilung von Einkommen und Vermögen

Trotz des insgesamt uneinheitlichen Bildes des konservativen Denkens im Allgemeinen sind die Einstellungen gegenüber der Verteilungspolitik von vorhersagbarer Homogenität. Konservatives Denken, gleichgültig, ob es auf religiöser oder säkularer Basis ruht, stellt eine Umverteilung, die sich in einer Gesellschaft spontan ereignet, nicht in Frage. Solidarität mit den Schwachen ist Teil der christlichen Ideologie und Almosen sind einer der fünf Pfeiler des Islam. Auf die gleiche Weise befürwortet der moderne säkulare Konservatismus freiwillige Beiträge und ist sogar zu staatlichen Subventionen solcher Beiträge über das Steuersystem bereit – etwas widerspruchsvoll, könnte man meinen. Nicht akzeptiert hingegen wird der Staat als Instrument der Umverteilung in einer Art und Weise, die die ökonomische Machtverteilung berührt.

Ein Ausgangspunkt für die Einstellung des Konservatismus in der Verteilungsfrage ist der bereits erwähnte Wissensskeptizismus, ganz allgemein und spezieller hinsichtlich gesellschaftlicher Prozesse.[32] Da unsere Kenntnisse über solche Prozesse höchst begrenzt sind, gehen wir erhebliche Risiken ein, falls wir sie grundlegend zu beeinflussen suchen. Hier knüpft konservatives Denken an Robert Mertons bereits erwähnte Doktrin über unbeabsichtigte Konsequenzen des menschlichen Handelns an. Verhaltensmuster, die im Kleinen rational sind, führen bisweilen zu unvorhergesehenen Konsequenzen, wenn sie in sozialem Zusammenhang miteinander kombiniert werden. Selbstverständlich können die Überraschungen sowohl positiv als auch negativ ausfallen, konservative Autoren neigen indes dazu, sich auf Letzteres zu konzentrieren, wenn sie öffentliche Eingriffe kommentieren. Zwei Beispiele sind Preisregulierungen und Mindestlöhne, von denen behauptet wird, sie schadeten den Gruppen, denen sie nutzen sollen.

Argumente wie diese werden noch verstärkt, wenn die unbeabsichtigten Konsequenzen angeblich zentrale Funktionen und Institutionen der Gesellschaft bedrohen. Denker wie Mallock und von Hayek argumentierten unter anderem, die Ungleichheit sei von positivem Wert für das soziale Gewebe, und wiesen auf die Risiken hin, die man mit dem Versuch eingehe, die Gleichheit zu steigern. Ein Argument, das an das Humboldt'sche im vorangegangenen Kapitel erinnert.

Als natürliche Folge des Wissensskeptizismus steht der Konservatismus Theorien über Gesellschaftsverträge instinktiv kritisch gegenüber, welche Schlüsse man aus solchen Versuchen auch immer ziehen mag. Die Vorstellung, dass es möglich sein sollte, auf irgendeine Weise, soziale Institutionen auf der Grundlage eines leeren Naturzustands oder der Ausgangslage der Vertragstheoretiker zu rekonstruieren, widerspricht der Weltsicht des Konservatismus. Damit versucht man, auch egalitäre Theorien eines ihrer Hauptinstrumente zur Formulierung anderer Möglichkeit, zum Status quo zu berauben.

Ein weiterer wichtiger Aspekt des konservativen Denkens ist seine allgemeine Einstellung zum Werterelativismus und zu nationaler Besonderheit. In einem solchen Zusammenhang wurde die aufklärungskritische Bewegung um 1800 geboren, in direkter Opposition gegen die Bemühungen der Philosophen der Aufklärung, universale menschliche Werte und einen von der kulturellen Umgebung unabhängigen wissenschaftlichen Standard zu etablieren. Relativistische Einstellungen wie diese liefern weitere Argumente gegen verteilungspolitische Eingriffe in soziale Zusammenhänge oder, in ideologischer Terminologie, egalitäre Werte zum Ausgangspunkt des politischen Diskurses in einer Gesellschaft zu machen, in der diese Werte nicht von allen geachtet werden.

In der Realität stehen nicht Wissensskepsis und das Bemühen um Vielfalt hinter der konservativen Ablehnung öffentlicher Eingriffe. Entscheidend ist die Einsicht, dass es sich beim Staat um die einzige Institution einer Gesellschaft handelt, die eine private, an wirtschaftliche Ressourcen gebundene Machtausübung aufzuwiegen vermag. Das Hauptziel der rechten Politik ist logischerweise die Schwächung öffentlicher Macht, vorzugsweise durch eine Begrenzung der Steuern und eine Vergrößerung des Spielraums privater Macht. Am deutlichsten wird diese Politik in den USA verfolgt, wo die Kampagnen der Rechten gegen den Staat in den letzten Jahrzehnten fast religiöse Untertöne angenommen haben.[33]

9 Die Sozialdemokratie und die Ungleichheit

Wie die historische Übersicht in der Einleitung des Buches zeigte, gibt es in der Geschichte der Menschheit eine lange Tradition von Meinungen über die Ungleichheit als Problem und von Ideen, wie diesem Problem zu begegnen sei. Erkennbar ist das in den sumerischen und den ägyptischen Texten, im Programm des jüdischen Jubeljahrs, Solons Reformen in Athen, den Bauernaufständen im Mittelalter und später. Erst während der Aufklärung begann die Tradition mit der Entwicklung einer theoretischen Plattform zur Analyse und Reform der sozialen Strukturen. Die Industrialisierung, die Lese- und Schreibfertigkeit und das Emporwachsen sozialer Schichten, die nicht an Loyalitäten gegenüber dem alten Regime gebunden waren, bereiteten den Weg für ein Hinterfragen der Gesellschaft, wie sie bis dahin organisiert war.

In einem recht frühen Stadium dieses Prozesses erkannten klarsichtige Beobachter, dass der logische Endpunkt dieser Entwicklung das allgemeine Wahlrecht sein würde. Die Machthaber des alten Regimes taten ihr Bestes, um das zu verzögern, konnten es jedoch nicht verhindern. Wie stark ihr Widerstand war, wurde in gewissem Maße davon bestimmt, wie sie ihre Möglichkeiten beurteilten, unter den neuen Spielregeln unter Beibehaltung ihrer Machtposition zu überleben.

In der grundlegenden konstitutionellen Frage des allgemeinen Stimmrechtes stimmten Liberale und Sozialisten überein, jedoch herrschte innerhalb der Linken Unsicherheit, ob das Rahmenwerk der konstitutionellen Demokratie für den Kampf um soziale und ökonomische Gleichheit ausreichen werde. Schließlich spaltete sich die Linke in einen sozialdemokratischen Zweig, der diese Frage bejahte, und einen kommunistischen, der zu einer anderen Beurteilung gelangte. Die Vermutung der Kommunisten lautete vor allem, dass man mithilfe der Gesetzgebung niemals zu einer ausreichenden Kontrolle der Volkswirtschaft gelangen werde und dass der größte Teil der ökonomischen Ressourcen deshalb in allgemeinen Besitz überführt werden müsse. Wie die Geschichte des 20. Jahrhunderts zeigt, begnügten sich die kommunistischen Regime nicht mit der Kontrolle der wichtigsten Produktionsmittel, sondern übernahmen auch Massenmedien, Kulturarbeit und andere Elemente der sogenannten Zivilgesellschaft.

Das Fehlen eines stabilen egalitären Gleichgewichts

Die Schlussfolgerung, es fehle ein stabiles Gleichgewicht im Verhandlungsspiel, kann natürlich als starkes Argument für Linksideologien gewertet werden. Es steht fest, dass es in der ökonomischen Arena keinen neutralen Grundzustand gibt, sondern dass sie geprägt ist von einem ständigen Kampf zwischen rivalisierenden Gruppen, Koalitionen mit wechselnder Zusammensetzung und Veränderungen der Machtbalance. Genau an diesem Punkt unterscheiden sich Sozialdemokraten und Linksliberale am stärksten; Letztere neigen zu der Annahme, Markt und demokratischer Schauplatz generierten tatsächlich konkurrenzbezogene Verhaltensweisen und ein tolerantes politisches Milieu. Das ist offensichtlich nicht der Fall. In der Ökonomie streben Interessengruppen ständig nach der Verbesserung ihrer eigenen Positionen und würden in Ermangelung korrigierender Mechanismen nicht zögern, Mechanismen, die der Markt zu seiner Funktionsfähigkeit benötigt, zu unterminieren, wie bereits Adam Smith notierte:

> »Leute desselben Gewerbes kommen selbst auch zur Erholung und zum Vergnügen selten zusammen, ohne dass ihre Unterhaltung mit einer Verschwörung gegen das Publikum oder einem Plane zur Erhöhung der Preise endigt. Es ist allerdings nicht möglich, solchen Zusammenkünften durch ein Gesetz vorzubeugen, das ausführbar oder mit Freiheit und Gerechtigkeit verträglich wäre. Wenn aber das Gesetz Leute desselben Gewerbes nicht hindern kann, zuweilen zusammenzukommen, so sollte es wenigstens nichts tun, diese Zusammenkünfte zu erleichtern, geschweige denn, sie zu fordern.«[1]

In diesem unaufhörlichen Kampf um mehr Macht werden größere Unternehmen mehr Einfluss besitzen als kleine, und größere gewerkschaftliche Vereinigungen werden mehr Erfolg haben als kleinere. Erfolgreiche Organisationen neigen dazu, zu wachsen, was zu einem positiven Feedback führt, das Instabilität verursacht.[2]

Generell ist es ein starkes Argument für staatliche Eingriffe, dass es im Verhandlungsspiel nur ein Gleichgewicht gibt, das instabil ist. Das heißt, dass politische Interventionen in die Verhandlungen zwischen den Partnern notwendig sind, falls man vermeiden will, dass der eine Partner den anderen, auf lange Frist gesehen, ausbeutet. Die Frage lautet eher, *wann* die Staatsmacht eingreifen soll, statt *ob*. Und das betrifft nicht nur den

Nachtwächterstaat – Rechtsprechung, äußere Verteidigung und andere Kernfunktionen – in diesem Punkt sind sich die meisten Autoren einig. Es gilt auch in höchstem Maße für Verteilungsfragen. Selbstverständlich werden unterschiedliche Beobachter unterschiedliche Meinungen über das angemessene Niveau der Ansprüche haben, aber der qualitative Schluss sollte jedem Teilnehmer an der politischen Debatte, ganz unabhängig von seiner ideologischen Heimat, klar sein.

Auf den ersten Blick ist auch die Entscheidung des Zufalls, wer die Oberhand im Verhandlungsprozess erlangt, ein starkes Argument für Linksideologien. Wenn hinter dem Erfolg drei Hauptfaktoren stehen – Zufall, Erbe und Anstrengung – und die beiden ersten dominieren, ist natürlich die Legitimität herrschender Machtverhältnisse in einer Gesellschaft bedroht, in der der Staat das spontane Ergebnis nicht korrigiert. Auch wenn Bemühungen für den Weg, den die Entwicklung nimmt, nicht unwichtig sind, wird der sich selbst verstärkende Mechanismus in Verhandlungen im Zeitverlauf zu Resultaten führen, die in keinerlei Verhältnis zu den unterschiedlichen Bemühungen stehen.

Die der Machtbalance innewohnende Instabilität ist auch für Gesellschaften ein Problem, die mit einem starken Staat ausgestattet sind. Die Ursache liegt darin, dass eine demokratische Entscheidungsfindung nur in abstrakten Modellen auf dem öffentlichen Marktplatz, der *agora*, nach gründlicher auf rationale Argumente gegründeter Debatte stattfindet. In der Realität kommt es in allen Demokratien, und auch in sozialdemokratisch geführten, zwischen Machthabern und Wählern zu einer Arbeitsteilung. Die direkte Demokratie, wie sie in der Schweiz und durch direkte Volksabstimmungen in repräsentativen Demokratien praktiziert wird, löst dieses Problem nicht und sollte als Modell nicht verfolgt werden.

Welche Entscheidungsprozedur man für die Verfahrensweise mit einem Produktionsüberschuss in einer Gesellschaft mit dominierendem öffentlichem Besitz auch anwendet, gewisse Gruppen werden einen größeren Einfluss haben als andere und mit aller Wahrscheinlichkeit werden sie diesen Einfluss zur Stärkung ihrer eigenen Position auch ausnutzen. In der kommunistischen Gesellschaft ist die Arbeitsteilung noch ausgeprägter. Die Machtelite ist über die Regierung des Landes stets besser informiert und wird dieses Wissen gegenüber der Bevölkerung insgesamt zu ihrem Vorteil nutzen. Die grundlegende Instabilität in Verhandlungsprozessen befällt auch kommunistische Gesellschaften, wie die Geschichte des 20. Jahrhunderts mit quälender Deutlichkeit zeigt. Das Risiko der Machtkonzentration ist in einer kommunistischen Ökonomie höher als in einer Marktwirtschaft, da die Letztere trotz allem über ein gewisses Potenzial für die Erneuerung und Herausforderung existierender Kartelle besitzt.

Vor allem an diesem Punkt haben sich Sozialdemokratie und Kommunismus in unterschiedliche Richtungen entwickelt. Die Sozialdemokratie zieht aus dem grundlegenden Dilemma einen adäquaten Schluss und nutzt den Staat als Kontrollmechanismus für die grundlegende Instabilität in Verhandlungssituationen. Der Kommunismus hingegen macht in dem Versuch, Ungleichheiten ein für alle Mal zu eliminieren, den Staat in diesem Konflikt zum Partner. Indem er zumindest auf gesellschaftlicher Ebene privaten Besitz abschafft, versucht er auch andere Gruppen abzuschaffen, die um die gesellschaftliche Macht konkurrieren. Verhandlungen bleiben jedoch auch in dieser Gesellschaft eine Quelle der Instabilität und damit der Ungleichheit, ganz unabhängig davon, welche Institutionen man zur Handhabung des Produktionsüberschusses einführt. Man verlagert also den Konflikt ganz einfach auf die politische Sphäre.

Das Problem für die Sozialdemokratie, die den Markt als Institution beibehält, besteht darin, ein Gleichgewicht zwischen der ökonomischen und der politischen Sphäre zu finden und es aufrechtzuerhalten, nachdem es als gut befunden wurde. Wenn also die Sozialdemokratie und der Kommunismus Gegensätze und Konflikte einer marktbasierten Gesellschaft analysieren, kommen sie hinsichtlich der praktischen Politik zu völlig anderen Schlussfolgerungen – so wie Rhein und Donau, die ihre Quellen in unmittelbarer Nähe zueinander in Zentraleuropa haben, dann aber völlig verschiedene Wege nehmen, der eine zur Nordsee, die andere zum Schwarzen Meer.

Strategien der Umverteilung

Das große Abwägungsproblem der Sozialdemokratie besteht in der Beantwortung der Frage, wie stark der Gesetzgeber bei der Errichtung einer Gesellschaft mit höherer Gleichheit eingreifen sollte und welche Maßnahmen für die Durchführung dieses Projektes am geeignetsten erscheinen. Beginnt man bei einer reinen Marktlösung, werden Maßnahmen, die auf eine Steigerung der Gleichheit abzielen, häufig Hand in Hand mit einem gesteigerten Takt des ökonomischen Zuwachses gehen. Ab einem gewissen (unbekannten) Punkt kann größere Gleichheit wahrscheinlich erreicht werden, wenn auch nur um den Preis einer Verringerung des Arbeitsergebnisses und der Sparquote, weshalb eine Abwägung vorzunehmen ist.

Die traditionelle sozialdemokratische Strategie beruht auf einem breiten Spektrum von Maßnahmen, die Voraussetzungen und Resultat ausgleichen.[3] Das wichtigste Instrument innerhalb der ersten Kategorie ist eine aktive Bildungspolitik, die auf soziale Gruppen mit schwacher Studientradition zielt. In gewisser

Hinsicht war diese Politik erfolgreich. Die Ausbildungsreformen der Nachkriegszeit haben für Kinder aus der Arbeiterklasse langfristig zu einer verbesserten Lohnentwicklung geführt. Ein anderes wichtiges Maß des Erfolgs in der Angleichung der Einkommensvoraussetzungen erhält man, wenn man die Einkommen von Eltern und Kindern vergleicht. Ist der Zusammenhang stark, herrschen für die Kinder nicht die gleichen Voraussetzungen und es gibt Grund zu der Annahme, dass ein Ausgleich die Einkommensunterschiede verringern und das Zuwachspotenzial vergrößern würde. Es hat sich gezeigt, dass die skandinavischen Länder in dieser Hinsicht erfolgreicher sind als die USA. In den skandinavischen Ländern ist der Zusammenhang zwischen den Einkommen der Eltern und der Kinder schwächer als in den USA. Außerdem ist der Zusammenhang zwischen den Einkommen von Geschwistern in den USA stärker. Auch dies ist ein Indikator dafür, dass der Familienhintergrund in den USA wichtiger ist. Eine aktive Bildungspolitik scheint also eine der Bedingungen dafür zu sein, dass sich die liberale Idee von einigermaßen gleichen Voraussetzungen für die jüngere Generation realisieren lässt.

Eine weitere wichtige Komponente der sozialdemokratischen Strategie ist eine gut ausgestattete Sozialversicherung[4]. Sie hat den doppelten Effekt, Ressourcen von Beziehern mittlerer und höherer Einkommen zu Beziehern niedriger Einkommen zu übertragen und die Verhandlungsposition der Arbeitnehmer gegenüber den Kapitaleigentümern zu stärken. Der erste Effekt erklärt sich damit, dass Bezieher niedrigerer Einkommen die Sozialversicherung in höherem Ausmaß, beispielsweise wegen Krankheit in Anspruch nehmen, während die Beiträge gleichzeitig risikounabhängig sind. In einem auf dem Markt beruhenden System würden die Prämien im Verhältnis zum Nutzungsgrad festgesetzt und eine Übertragung fände nicht statt. Diese

Übertragung ist erheblich und tatsächlich größer als die der staatlichen Einkommenssteuer.

Der indirekte Effekt der Sozialversicherung, eine Stärkung der Position der Arbeitnehmer in Verhandlungen über die Beschäftigungsbedingungen, lässt sich schwer abschätzen, vermutlich ist er jedoch größer als der direkte Effekt. Eine Ursache dafür, dass sich dieser Effekt schwer beurteilen lässt, erklärt sich damit, dass Länder mit gut entwickelten Sozialversicherungen auch zu relativ starken Gewerkschaftsorganisationen tendieren, was in die gleiche Richtung geht.[5]

Die dritte wichtige Komponente der sozialdemokratischen Ausgleichspolitik ist die Besteuerung. Insgesamt beruht der Effekt des Steuer- und Transfersystems auf einer Anzahl Faktoren, und das Profil der Einkommens- und Vermögenssteuer ist nur einer dieser Faktoren. Eine proportionale Steuer, mit der eine von allen im selben Umfang konsumierte öffentliche Dienstleistung finanziert wird, hat einen ausgleichenden Effekt, weshalb es keinen radikalen qualitativen Unterschied zwischen proportionalen und progressiven Steuern gibt.

Zu Beginn der 1980er-Jahre und angeregt von den USA haben verschiedene OECD-Länder die Steuerbasis verbreitert und auf niedrigere Steuersätze und weniger progressive Steuerskalen gesetzt. Dahinter steckte offiziell die wachsende Sorge vor den Kosten für die Ausgleichspolitik. In seinem häufig zitierten Buch *Equality and Efficiency: The Big Tradeoff* fasste Arthur Okun das Abwägungsproblem zusammen.[6] Sein Bild für dieses Problem ist der undichte Eimer. Eine Regierung will die Einkommen ausgleichen, indem sie Ressourcen von den besser Gestellten auf schlechter Gestellte überträgt, jedoch gehen diese Ressourcen unterwegs verloren. Was ist eine angemessene Abwägung?

Einige Worte der Warnung scheinen hier angebracht zu sein. Okuns Metapher könnte fälschlicherweise so interpretiert werden, als verursache jede Politik, die Unterschiede ausgleicht, Kosten, oder umgekehrt, größere Einkommensunterschiede führten automatisch zu einem höheren wirtschaftlichen Wachstum. Dies ist nicht der Fall. Das in der Bildungspolitik Erreichte gleicht Unterschiede in Voraussetzungen und Ergebnissen aus, während zugleich erwartet werden kann, dass sich Karrieren in höherem Ausmaß auf Verdienste und entsprechend weniger auf familiärem Hintergrund gründen. Die Beziehung zwischen Gleichheit und wirtschaftlicher Entwicklung ist kompliziert.

Zweitens gibt es keinen einfachen Zusammenhang zwischen öffentlichen Ausgaben und langfristigem Wirtschaftswachstum und aus mehreren Gründen kann es ihn auch nicht geben.[7] Eine Ursache dafür ist die unterschiedliche Organisation der Steuer- und Finanzsysteme einzelner Länder und ihre Auswirkungen auf die Größe des öffentlichen Sektors. Ressourcen kann man durch Steuerfreibeträge und durch steuerfreie Transferleistungen übertragen, man kann den Transfer auch parallel zum Einkommen besteuern. In Schweden gab es vor nicht allzu langer Zeit Steuertabellen, die sich an der Familiensituation orientierten, im heutigen Steuersystem fehlen diese Faktoren. Ein typisches Beispiel für einen unbesteuerten Transfer ist das Kindergeld. Die Hauptregel im Sozialversicherungssystem aber lautet, dass Transferleistungen zu besteuern sind.

Diese drei unterschiedlichen Lösungen – Steuerfreibeträge, steuerfreie Transferleistungen und besteuerte Transferleistungen – können für private Haushalte das gleiche Ergebnis erbringen, nehmen im öffentlichen Sektor und in der Steuerquote aber ganz unterschiedliche Größen ein.[8] Nach Schätzungen wäre der amerikanische Wohlfahrtssektor um ungefähr 50 Prozent größer, wenn man sich für die zweite administrative Lösung entscheiden würde. Der öffentliche Sektor der skandinavischen Länder erscheint aus demselben Grund weit größer, als er tatsächlich ist. Zudem sind die Unterschiede, zu denen es im Vergleich von im Übrigen recht ähnlichen Länder der OECD-Gruppe kommt, systematisch. In Ländern mit einer starken staatskritischen Tradition wie den USA sind Politiker offensichtlich an Lösungen interessiert, die den Staat kleiner erscheinen lassen.

Substanziell wichtiger ist, dass öffentliche Ausgaben auf den Haushalt und die gesellschaftliche Ökonomie ganz unterschiedlich einwirken, je nachdem, wohin diese Ausgaben gehen.[9] Bestimmte Ausgaben, so zum Beispiel die öffentliche Unterstützung der Kultur, haben auf die Ökonomie nur begrenzte direkte Effekte, während eine subventionierte Kinderbetreuung eine unmittelbar positive Auswirkung auf das Arbeitsangebot hat. Ebenso ist von bestimmten Steuern zu erwarten, dass sie sich auf das Verhalten stärker auswirken als andere. Vor diesem Hintergrund ist es kaum erstaunlich, dass Wirtschaftswissenschaftler zu unterschiedlichen Schlüssen bezüglich der Auswirkungen des Niveaus der öffentlichen Ausgaben auf die Geschwindigkeit des Wirtschaftswachstums kommen. Einige haben negative Effekte festgestellt, andere positive, der größte Teil scheint sich jedoch hinsichtlich der Konsequenzen unsicher zu sein.

Auf der Mikroebene – der Perspektive der privaten Haushalte – gibt es andererseits dokumentierte Effekte auf die Sozialversicherungssysteme. Regeln, die für die Steuerung der Arbeitslosenversicherung, der Krankenversicherung und der Renten sorgen, wirken sich darauf aus, wie intensiv ein Individuum Arbeit sucht, wie lange Arbeitnehmer krankgeschrieben sind sowie auf den Zeitpunkt der Verrentung.[10] Die Effekte sind nicht unerwartet: Großzügige Systeme führen zu einem geringeren Arbeitsangebot, selbst wenn diese Effekte in manchen Fällen klein und mitunter noch nicht einmal statistisch signifikant sind. Ebenso gibt es Belege für die indirekten Kosten von Steuern, das Ausmaß ist allerdings höchst umstritten.

Zusammenfassend lässt sich feststellen, dass jede allzu aktive Verteilungspolitik Kosten verursacht, die dazu tendieren, überproportional zu steigen, wenn eine gewisse Schwelle überschritten ist. Damit ist die Frage nach einem angemessenen Niveau natürlich noch nicht beantwortet. Die Antwort hängt ganz wesentlich vom Umfang der politischen Prioritäten ab. Tabelle 3.1 in Kapitel drei zeigt große Unterschiede zwischen den OECD-Ländern hinsichtlich der Verteilung des verfügbaren Einkommens, Unterschiede, die die politischen Prioritäten widerspiegeln.

Die Schlussfolgerung, dass die Ungleichheit ganz einfach nicht eliminiert werden kann, bereitet vielen Linksideologen, vor allem jenen am linken Rand, Magendrücken. Die Vorstellung von einer perfekten, egalitären Gesellschaft ist womöglich jedoch eher ein Element der politischen Rhetorik als ein ernsthaft verfolgtes politisches Ziel.

Warum sich engagieren?

Für einen konservativen Skeptiker unterscheidet sich das sozialdemokratische Streben nach Gleichheit nicht von einem beliebigen eigennützigen Reflex. Jede Gesellschaftsklasse achtet auf ihre eigenen Interessen und die eine Bewegung hat keinen höheren moralischen Anspruch als die andere. Gleichzeitig müssen sich die gleichen Skeptiker die Frage stellen, warum sich im Verlauf der Geschichte so viele Menschen für eine Sache engagierten, die ihnen selbst offenbar nicht nutzt. Der eingangs zitierte ägyptische Kammerherr war kein armer Mann, der in eigener Sache sprach. Dennoch war es ihm so wichtig, sein

Handeln publik zu machen, dass er es auf seinem Grabstein verewigen ließ. Was steckt hinter diesem Drang?

Gibt man die Frage weiter an den in Kapitel drei zitierten niederländischen Primatologen Frans de Waal, antwortet er darauf, Mitgefühl sei Teil unserer Natur.[11] In einem Buch mit dem vielsagenden Titel *Good Natured* (*Der gute Affe. Der Ursprung von Recht und Unrecht bei Menschen und anderen Tieren*) vertritt er die Ansicht, dass der moralische Reflex älter ist als unsere Art. Menschen können zwar andere Verhaltensmuster entwickeln – Gleichgültigkeit, Rücksichtslosigkeit und sogar Brutalität – Mitgefühl aber ist eine Alternative, die unter den richtigen Voraussetzungen als Norm etabliert werden kann.

Es gibt eine andere, modernere Antwort auf die Frage, die jenen zusagen mag, die nach handfesteren Motiven für die Bewahrung eines höheren Maßes an Gleichheit in der Gesellschaft fragen, als es in unserer Natur liegt. Diese Antwort knüpft an moderne gesellschaftswissenschaftliche Forschungsarbeiten über Vertrauen und das soziale Kapital und die Konsequenzen an, wenn das Vertrauen hoch oder gering ist. Vertrauen lässt sich auf unterschiedliche Weise messen; entweder man fragt Menschen, ob sie den Nachbarn, den Politikern und anderen vertrauen, die ihnen im täglichen Leben auf die eine oder andere Art begegnen, oder aber man misst die Stärke der Zivilgesellschaft anhand der Intensität des Vereinslebens und anderer freiwilliger Aktivitäten. Es zeigt sich, dass es keine große Rolle spielt, für welche Methode man sich entscheidet, das Ergebnis fällt gleich aus.

Eine tragfähige Beobachtung ist, dass das Niveau des Vertrauens stark mit dem Niveau der Gleichheit zusammenhängt: je egalitärer eine Gesellschaft ist, umso mehr Vertrauen haben die in dieser Gesellschaft lebenden Individuen zueinander.[12] In Diagramm 9.1 auf der folgenden Seite ist der Zusammenhang zwischen dem Gini-Koeffizienten und dem gemessenen Vertrauensniveau in 75 Ländern dargestellt. Dieser Zusammenhang wurde von zahlreichen Forschern in verschiedenen Ländern mit unterschiedlichen Methoden ermittelt und kann als gesichert gelten. Auf das außergewöhnlich hohe Niveau der skandinavischen Länder in puncto Vertrauen und Gleichheit soll hingewiesen werden.

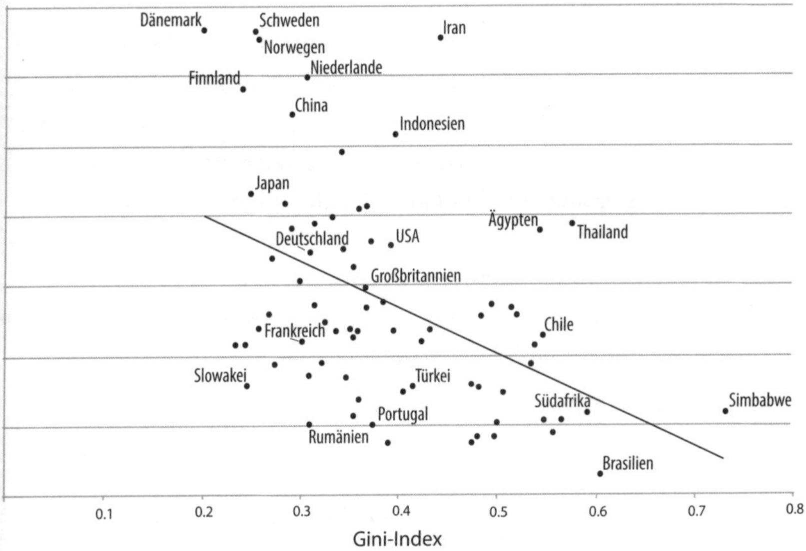

Diagramm 9.1: Zusammenhang zwischen Einkommensunterschieden (gemessen mithilfe des Gini-Koeffizienten) und Vertrauensniveau in 75 Gesellschaften: je höher die Einkommensunterschiede, umso niedriger das Vertrauen. Die Korrelation beträgt 0,47. Daten von Mitte der zweiten Hälfte der 1990er-Jahre. Quelle: Jordahl 2000

Der zweite Schritt der Erörterung lautet, dass Gesellschaften mit einem hohen Maß an Vertrauen im Allgemeinen besser funktionieren.[13] Der amerikanische Soziologe und Politikwissenschaftler Robert Putnam gehört zu den Wissenschaftlern, die Voraussetzungen und Konsequenzen des Vertrauens am gründlichsten untersucht haben. Eine fruchtbare Grundlage für Vergleiche bieten die fünfzig amerikanischen Bundesstaaten, da sie eine höchst unterschiedliche Geschichte hinter sich haben – Einwanderung aus verschiedenen Gründen und Staaten, im Süden Sklaverei und andere Unterschiede. Es zeigte sich, dass die sicherste Grundlage für eine Voraussage über das Vertrauensniveau in einem Bundesstaat der Anteil der Bevölkerung ist, bei dem es sich um Nachkommen skandinavischer Auswanderer handelt. Interessant wird es aber, wenn man den Zusammenhang zwischen dem gemessenen Vertrauensniveau und einer Reihe objektiver Maße für den Zustand einer Gesellschaft untersucht. Einige von Putnams Resultaten lauten:

- In Staaten mit hohem Vertrauen arbeiten die Schulen effektiver, ganz unabhängig von der Messmethode.
- In Staaten mit hohem Vertrauen geht es Kindern und Jugendlichen besser, gemessen nach Säuglingssterblichkeit, Anzahl der Teenagerschwangerschaften und anderen Gesundheitsvariablen.
- In Staaten mit hohem Vertrauen ist das Niveau der Gewaltverbrechen niedriger.
- In Staaten mit hohem Zusammengehörigkeitsgefühl ist das allgemeine Gesundheitsniveau besser.
- Staaten mit hohem Vertrauen weisen nach Schätzung der amerikanischen Steuerbehörde weniger Steuerhinterziehungen auf.

Die Stärke der Beobachtungen ist unterschiedlich.[14] Über die Zusammenhänge zwischen Gesundheit und Gleichheit gibt es, auch veranlasst durch Richard Wilkinsons Buch *The Impact of Inequality*, eine internationale Debatte; die Frage ist in mancher Hinsicht offen. Die meisten Untersuchungen über den Zusammenhang zwischen Vertrauen und wirtschaftlichem Wachstum deuten auf einen starken, sehr positiven Zusammenhang hin.[15] Außerdem können die ursächlichen Zusammenhänge in beide Richtungen gehen; je nachdem ob das Vertrauen zu- oder abnimmt, können Gesellschaften in positive oder negative Spiralen geraten. Putnams Zusammenfassung liefert jedoch ein kohärentes Bild von hoher Plausibilität.

Die Schlussfolgerung hieraus lautet, dass eine rasche und einfache Steigerung des Vertrauensniveaus in einer Gesellschaft durch einen Ausbau des Steuer- und Transfersystems nicht möglich ist – Gleichheit und Vertrauen sind mehrdimensional und ein langfristiges Programm zu ihrer Stärkung muss eine große Anzahl relevanter Gebiete berühren – Ausbildung, Gesundheit, verfügbares Einkommen und andere.

Hinter den Diskussionen über die menschliche Natur und die Bedeutung des Vertrauens gibt es einen weiteren Aspekt, der auch jene interessieren sollte, die vor allem ökonomische Argumente als relevant erachten: Gleichheit der Voraussetzungen begünstigt das Wachstum. In ihrem World Development Report 2006 fasste die Weltbank Erfahrungen einer Reihe von Ländern zusammen, die 1960 den Weg vom Niedrig- zum Mitteleinkommensland angetreten hatten.[16] Die untersuchte Frage lautete, welche Bedeutung die Vermögensverteilung in den vergangenen vier Jahrzehnten hatte. Da die Ökonomie dieser Länder zu Beginn der Periode auf Landwirtschaft konzentriert war, war der Gini-Koeffizient für die Verteilung des Landeigentums am interessantesten. Das Resultat war äußerst deutlich: Länder, die 1960 die gleichmäßigste Verteilung des Landbesitzes aufwiesen, erreichten in den vier Jahrzehnten danach auch den schnellsten wirtschaftlichen Zuwachs.

In entwickelten Industrieländern ist statt Landbesitz eher Erziehung der Schlüsselindikator. Für einige entwickelte Industrieländer konnte Miles Corak einen ebenso klaren Zusammenhang zwischen Einkommensverteilung und Mobilität feststellen, den er als »The Great Gatsby Curve«[17] bezeichnete (siehe Diagramm 9.2). Einkommensmobilität gilt als Indikator dafür, wie gut es einer Gesellschaft gelingt, statt familiärem Hintergrund Erziehung zu belohnen, und beschreibt Korrelationen zwischen dem Einkommen der Eltern und dem Einkommen, das ihre Kinder im Erwachsenenalter erzielen. Je enger der Zusammenhang, umso geringer die Mobilität. Länder mit der ungleichmäßigsten Einkommensverteilung haben auch die geringste Mobilität zwischen den Generationen.

Wir sind wieder bei den mit Murmeln spielenden Jungen angekommen. Wenn die Verteilung der Kugeln bei Spielbeginn ungleich ist, ist das Risiko am höchsten, dass nicht der Beste gewinnt.

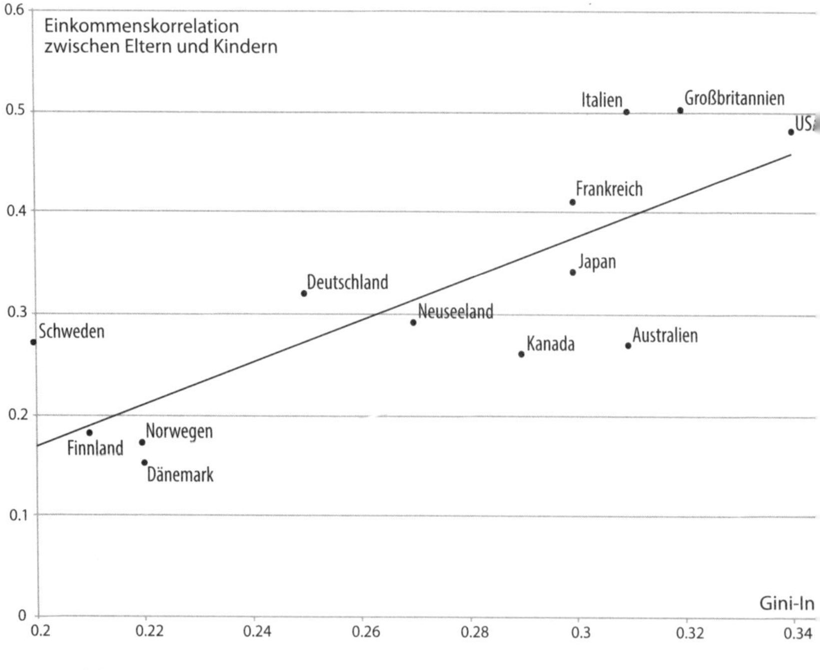

Diagramm 9.2: »The Great Gatsby Curve«: der Zusammenhang zwischen Einkommensverteilung und Einkommensmobilität. Auf der horizontalen Achse ist der Gini-Index für 1985 dargestellt, auf

der vertikalen der Zusammenhang zwischen dem Einkommen der Eltern und dem Einkommen ihrer Kinder in der zweiten Hälfte der 1990er-Jahre. Die Kinder wurden in den 1960er-Jahren geboren. Je ungleicher die Einkommensverteilung ist, umso stärker ist das Einkommen der Kinder im Erwachsenenalter von dem ihrer Eltern abhängig. Die Korrelation beträgt 0,80. Quelle: Corak (2013)

Auch Skeptiker sollten die generelle Schlussfolgerung überdenken: Eine Gesellschaft mit größerer Egalität kann auch für jene eine Alternative darstellen, die nicht direkt und kurzfristig von Veränderungen in dieser Richtung begünstigt werden.

Was sollte getan werden?

Der Erfolg der Verteilungspolitik in den skandinavischen Ländern während des 20. Jahrhunderts erklärt sich mit dem Einsatz eines breiten Spektrums von Instrumenten auf politischem Gebiet – Ausbildung, Sozialversicherung, Steuern und Transfer. In viel zu großem Umfang handelte die Diskussion über die Arbeiten von Thomas Piketty und Kollegen von der Besteuerung des Kapitals. Während einige der genannten Instrumente im Zuge einer Globalisierung der Ökonomie schwerer einzusetzen waren, haben nationale Regierungen über andere, wie Ausbildung und Arbeitsmarkt, noch die volle Kontrolle. Falls man an den traditionellen Idealen festhält, sollte die Resonanz auf diese Entwicklung ein intensiverer Einsatz jener Instrumente sein, über die man nach wie vor verfügt. Aus dieser Perspektive betrachtet sind die stetig sinkende Qualität des Ausbildungssystems und die Lockerung der Arbeitsmarktpolitik ernst zu nehmende Faktoren. Die Möglichkeiten zur Besteuerung von internationalem Kapital dürften im Übrigen größer sein als früher angenommen. Durch die jüngsten Finanzkrisen und den internationalen Druck, den sie auslösten, wurden mit einer zunehmenden Zahl von Steuerparadiesen Doppelbesteuerungsabkommen abgeschlossen, und Länder wie die Schweiz und Liechtenstein sind heute zu größerer Offenheit bezüglich der Bankguthaben ausländischer Bürger gezwungen. Die Koordination internationaler Besteuerung scheint eher unter dem fehlenden politischen Willen als unter technischen Problemen zu leiden.

Der Schluss lautet also, dass die Werkzeuge, die in der Nachkriegszeit zum Ausbau der skandinavischen Wohlfahrtsstaaten zum Einsatz kamen, nichts an ihrer Wirkung verloren haben. Die wichtige Erkenntnis lautet, dass das Problem, die Ungleichheit auf einem akzeptablen Niveau zu halten, nicht mit einer einzelnen Maßnahme zu lösen ist, sondern ein breites Maßnahmenspektrum erfordert, das darauf abzielt, sowohl die Voraussetzungen des Individuums anzugleichen, sich sein eigenes Leben zu gestalten als auch Ergebnisse wie etwa das verfügbare Einkommen gleichmäßiger zu gestalten.

10 Bilanz

Drei Fragen wurden im Einleitungskapitel gestellt. Die erste lautet: Warum sind alle Gesellschaften ungleich? Die Antwort lautet, dass man Ungleichheit zwischen Individuen und Gruppen nicht erklären muss; sie ist das direkte Ergebnis der menschlichen Natur – wie wir die Umwelt erleben und wie wir uns gegenüber Risiken verhalten –, kombiniert damit, wie Verhandlungsspiele sich unter allgemeinen Voraussetzungen zu entwickeln pflegen. Kleine Unterschiede in den Voraussetzungen, die nichts mit Fähigkeiten oder Bemühungen zu tun haben müssen, verstärken sich im Zeitverlauf und wachsen unbegrenzt. Die einzige Begrenzung für das Agieren des stärkeren Partners ist sein Interesse, dem anderen ein Weiterleben zu ermöglichen, damit die Gesellschaft weiter existiert.

Damit soll nicht gesagt werden, dass es keine Unterschiede in Fähigkeit oder Bemühen gibt, sondern lediglich, dass solche Unterschiede auch nicht annähernd zur Erklärung der Unterschiede in Einkommen und Aktiva ausreichen. Die Frage ist also falsch gestellt. Nicht die Ungleichheit muss erklärt, sondern die Gleichheit. Wie gelingt es manchen Gesellschaften, trotz der natürlichen Tendenz jeder Gesellschaft zur Ungleichheit, ein angemessenes Maß an Gleichheit beizubehalten?

Die zweite Frage lautet: Lässt sich die Ungleichheit beeinflussen? Die Antwort lautet Ja. Ungleichheit ist nicht vom Schicksal festgelegt. Dass unregulierte Verhandlungsprozesse instabil sind und Unterschiede verstärken, lässt sich als Problem bewältigen. Aus dem technischen Bereich ist uns wohlbekannt, wie sich Instabilität beherrschen und sogar zu einem Teil der technischen Ausformung machen lässt. Ein Blick auf den Gini-Index für Einkommen und Vermögen von OECD-Ländern, die einander wirtschaftlich und sozial ähneln, weist auf große Unterschiede zwischen den Ländern hin – Unterschiede, die politischen Ursprungs sind.

Die dritte Frage lautet: Wie haben sich die klassischen Ideologien zur Ungleichheit als Phänomen verhalten? Der Liberalismus hat häufig das Gewicht gleichartiger Voraussetzungen für Leben unterstrichen, damit genuine Unterschiede in Fähigkeit und Bemühen Ausdruck finden können. Zugleich unterschätzte er den sich selbst verstärkenden Mechanismus, der das Hauptthema dieses Buches ist, und hat sich damit auf irritierende Weise in der Diskussion zurückgehalten, was praktisch gegen die großen Unterschiede des sozialen Hintergrunds unternommen werden müsste, mit denen Individuen aufwachsen. Den gleichen Fehler, falls es denn ein Fehler ist, begeht der Konservatismus und er ist mit erheblichen Legitimierungsproblemen konfrontiert, wenn die historische und die gegenwärtige Verteilung von Aktiva erklärt und verteidigt werden sollen. Die Sozialdemokratie ist jene Ideologie, die von der präsentierten Perspektive und den Schlussfolgerungen am meisten begünstigt wird. Mit einem gewissen Recht kann man sagen, dass die Sozialdemokratie mit den liberalen Forderungen nach gleichen Voraussetzungen am nachdrücklichsten Ernst machte. Dennoch hatte die Sozialdemokratie historisch gesehen Probleme, das Niveau ihrer Ausgleichsbemühungen zu bestimmen und zu den richtigen Methoden zu finden, mit deren Hilfe sich ihre Ambitionen verwirklichen lassen. Überraschend ist das nicht, denn es handelt sich um ein tatsächlich schweres Problem.

Das Diagramm über die Grenzen der Ungleichheit in Kapitel drei (Diagramm 3.2) zeigt, dass es für jedes ökonomische Entwicklungsniveau eine untere und eine obere Grenze der Gleichheit in einer Gesellschaft gibt – volle Gleichheit relativ zur Grenze der Ungleichheit, wobei Letztere das Äquivalent zu einer kleinen Gruppe ist, die den gesamten Überschuss kontrolliert, während praktisch genommen die gesamte übrige Bevölkerung am Existenzminimum lebt. Der Abstand zur Ungleichheitsgrenze ist ein Maß für den Zivilisationsgrad einer Gesellschaft.

Ohne eine aktive Verteilungspolitik bewegt sich eine Gesellschaft ebenso unweigerlich auf die Ungleichheitsgrenze zu wie ein Stein, den man loslässt, zu Boden fällt; falls keine Gegenkräfte mobilisiert werden. Eine Gesellschaft aber ist kein toter Gegenstand, sondern ein menschliches Artefakt. Mit der richtigen Ausgestaltung und einer wachsamen Politik kann sie ebenso erfolgreich sein, wie die Flugmaschine der Gebrüder Wright in der Luft schweben konnte.

Die Ungleichheit gehört zu den Bedingungen des Menschen, sie lässt sich jedoch beeinflussen. Wie diese Diskussion gezeigt hat, ist die Abwendung eines spontanen und nicht zu rechtfertigenden hohen Grades von Ungleichheit eine Sisyphosarbeit. Mit Camus aber können wir uns einen bei seinen Bemühungen glücklichen Sisyphos vorstellen.[1]

Literatur

Agell, J., Englund, P., Södersten, J. (1995): *Svensk skattepolitik i teori och praktik. 1991 års skattereform* (Schwedische Steuerpolitik in Theorie und Praxis). Fritzes, Stockholm.

Agell, J., Lindh, T., Ohlsson, H. (1997): »Growth and the Public Sector: A Critical Review Essay«, *European Journal of Political Economy 13,* 33–52.

Anscombe, F. J., Aumann, R. J. (1963): »A Definition of Subjective Probability«, *Annals of Mathematical Statistics 34,* 199–205.

Arblaster, A. (1984): *The rise and decline of Western liberalism.* Basil Blackwell Publishers, Oxford.

Arrow, K.:

– (1950): »A Difficulty in the Concept of Social Welfare«, *Journal of Political Economy*, 58 (4).

– (1965): *Aspects of the Theory of Risk Bearing.* Yrjö Jahnssonin Saatio, Helsinki.

– (1971): *Essays on the Theory of Risk Bearing.* Markham, New York.

Atkinson, A. B. (1983): *The Economics of Inequality.* 2. Ausgabe. Oxford University Press, Oxford.

– (1995): »The Welfare State and Economic Performance«, *National Tax Journal 48,* 171–198.

Atkinson, A. B., Bourguignon, F. (2000): *Handbook of Income Distribution.* Vol. 1. North-Holland, Amsterdam.

Axelrod, R. (1984): *The Evolution of Cooperation.* Basic Books, New York.

Bamshad, M. m.fl. (2001): »Genetic Evidence on the Origin of Indian Caste Populations«, *Genome Research 11,* 994–1004.

Banerjee, A., Duflo, E. (2011): *Poor Economics. A Radical Rethinking of the Way to Fight Global Poverty.* Public Affairs, New York.

Banerjee, A. m.fl. (red.) (2006): *Understanding Poverty.* Oxford University Press, Oxford.

Banfield, E. C. (1958): *The Moral Basis of a Backward Society.* Free Press, Glencoe, Ill.

Barro, R. (1991): »Economic Growth in a Cross Section of Countries«, *Quarterly Journal of Economics 106,* 407–443.

Barry, B. (1965): *Political Argument.* Routledge & Kegan Paul, London.

Barton, R. A., Dunbar, R. I. M. (1997): »Evolution of the Social Brain«, in: Whiten & Byrne (1997).

Basham, E. L. (ed.) (1975): *A Cultural History of India*. Oxford University Press, Oxford und Delhi

Bekar, C. T., Reed, C. G. (2009): *Risk, asset markets and inequality: Evidence from medieval England. Discussion Paper on Economic and Social History,* University of Oxford, n. 79, Oktober 2009.

Bellman, R. E., Kalaba, R. E. (red.) (1964): *Selected papers on mathematical trends in control theory.* Dover, New York.

Bergström, J., Järliden Bergström, Å-P. (2013): *Makteliten – klyftorna består.* (Machtelite – Die Risse bestehen) Landsorganisationen, Stockholm.

Berkey, J. P. (2003): *The Formation of Islam. Religion and Society in the Near East, 600–1800.* Cambridge University Press, Cambridge.

Berman, H. J. (1983): *Law and Revolution. The Formation of the Western Legal Tradition.* Harvard University Press, Cambridge, Mass.

Binmore, K. (1994): *Playing fair. Game Theory and the Social Contract,* Vol. 1. MIT Press, Cambridge, Mass.

– (1998): *Just Playing. Game Theory and the Social Contract,* Vol. 2. MIT Press, Cambridge, Mass.

– (2005): *Natural Justice.* Oxford University Press, Oxford.

– (2007): *Does Game Theory Work? The Bargaining Challenge.* MIT Press, Cambridge, Mass.

Björklund, A., Jäntti, M. (2009): »Intergenerational Income Mobility and the Role of the Family Background«, in Salverda u.a. (red.) (2009).

Bjørnskov, C. (2009): »Economic Growth«, in Svendsen, G. T., Svendsen, G. L.H., *Handbook of Social Capital.* Edward Elgar, Cheltenham.

Boehm, C. (1997): »Egalitarianism and Political Intelligence«, in: Whiten and Byrne (1997).

Boix, C. (2003): *Democracy and Redistribution.* Cambridge University Press, Cambridge.

– (2010): »Origins and Persistence of Economic Inequality«, *Annual Review of Political Science 13,* 489–516.

Borgerhoff Mulder, M. m.fl. (2010): »Pastoralism and Wealth Inequality«, *Current Anthropology 51 (1),* 35–48.

Boulding, K. (1975): »The Stability of Inequality«, *Review of Social Economy,* Vol. 33, 1–44.

Bourguignon, F., Morrisson, C. (2002): »Inequality Among World Citizens: 1820–1992«, *American Economic Review 92 (4),* 727–744.

Bowles, S., Smith, E. A., Borgerhoff Mulder, M. (2010): »The Emergence and Persistence of Inequality in Premodern Societies«, *Current Anthropology*, 51 (1), 7–17.

Braithwaite, R.B. (1955): *Theory of Games as a Tool for the Moral Philosopher.* Cambridge University Press, Cambridge.

Bramsted, E.K., Melhuish, K.J. (1978): *Western Liberalism. A History of Documents from Locke to Croce*. Longman, New York.

Brandolini, A., Smeeding, T. M. (2009): »Income Inequality in Richer and OECD countries«, in: Salverda u.a. (red.) (2009).

Braude, B. (1997): »The Sons of Noah and the Construction of Ethnic and Geographic Identities in the Medieval and Early Modern Periods«, *William and Mary Quarterly*, 54 (1), 103–142.

– (2003): »Ham and Noah: Sexuality, Servitudinism and Ethnicity«, in: *Collective Degradation: Slavery and the Construction of Race. Proceedings of the Fifth Annual Gilder Lehrman Center International Conference at Yale University (7–8 november 2003).*

Bredemeier, H.C. (1978): »Exchange Theory«, in: Bottomore, T., Nisbet, R. (red.), *A History of Sociological Analysis.* Basic Books, New York.

Brown, D.E. (1991): *Human Universals. McGraw-Hill, New York.*

Buchanan, J. (1975): *The Limits of Liberty. Between Anarchy and Leviathan.* University of Chicago Press, Chicago.

Buchanan, J., Tullock, G. (1962): *The Calculus of Consent. Logical Foundations of Constitutional Democracy.* University of Michigan Press, Ann Arbor.

Burke, E. (1756): *Vindication of Natural Society. Citerad i Muller (1997).* [Anm.: Der gesamte Text ist unter http://oll.libertyfund.org/ zugänglich.]

Burn, A.R. (1966): *The Pelican History of Greece.* Penguin, Harmondsworth.

Butzer, K. (1976): *Early Hydraulic Civilization in Egypt.* University of Chicago Press, Chicago.

Byrne, R. W., Whiten, A. (1997): »Machiavellian Intelligence«, in: Whiten and Byrne (1997).
Campbell, B. (2008): »Benchmarking Medieval Economic Development: England, Wales, Scotland, and Ireland, c.1290«, *Economic History Review*, 61 (4), 896–945.
Campbell, D. T. (1974): »Evolutionary Epistemology«, in: Schilpp, P. A. (red.), *The Philosophy of Karl Popper.* Open Court, La Salle, Ill.
Camus, A. (1942): *Le Mythe de Sisyphe. Gallimard, Paris.* [Dt. Übersetzung: *Der Mythos des Sisyphos*, Hamburg (2000)]
Carling, K., Holmlund, B., Vejsiu, A. (2001): »Do Benefit Cuts Boost Job-findings? Swedish Evidence from the 1990s«, *Economic Journal 111,* Nr. 474, 766–790.
Cashin, P. (1995): »Government Spending and Economic Growth«, *IMF Staff Papers,* 42(2), 237–269.
Chaudhuri, N. C. (1979): *Hinduism. A Religion to Live By.* Oxford University Press, Delhi.
Cingano, F. (2014): »Trends in Income Inequality and its Impact on Economic Growth«, *OECD Social, Employment and Migration Working Papers*, No. 163, OECD Publishing, Paris.
Coleman, J. S. (1990): *Foundations of Social Theory.* Harvard University Press, Cambridge, Mass.
Collins, R. (1998): *The Sociology of Religions. A Global Theory of Intellectual Change.* Belknap, Harvard, Cambridge, Mass.
Corak, M. (2013): »Income Inequality, Equality of Opportunity, and Intergenerational Mobility«, *Journal of Economic Perspectives,* 27(3), 79–102.
Cowell, F. A. (2000): »Measurement of Inequality«, in: Atkinson and Bourguignon (red.) (2000).
Crone, P. (2004): *God's Rule. Government and Islam. Six Centuries of Medieval Islamic Political Thought.* Columbia University Press, New York.

Curran, J. P. (1865): *Speeches.* 7 Auflage, James Duffy, Dublin.

van Damme, E. (1986): »The Nash Bargaining Solution is Optimal«, *Journal of Economic Theory,* 38 (1), 78–100.

Dehaene, S. (2003): »The Neural Basis of the Weber-Fechner Law: A Logarithmic Number Line«, *Trends in Cognitive Sciences,* 7 (4), 145–147.

Doniger, W., Smith, B. K. (Übers.1991): *The Laws of Manu.* Penguin Classics, Penguin Books, Harmondsworth.

Downs, A. (1957): *An Economic Theory of Democracy.* Harper and Row, New York.

Durkheim, E. (1893): *De la Division du Travail Social.* [Eng. Übers. (1933) *The Division of Labor in Society*. Free Press, New York.]

Eisenman, R. (1997): *James the brother of Jesus.* Faber and Faber, London.

Emlen, S. T., Oring, L. W. (1977): »Ecology, Sexual Selection, and the Evolution of Mating Systems«, *Science 197,* Nr. 4300, 215–223.

Evans-Pritchard, E. E. (1940): *The Nuer: A Description of the Modes of Livelihood and Political Institutions of a Nilotic People.* Clarendon Press, Oxford.

Fernholz, R., Fernholz, R. (2014): »Instability and Concentration in the Distribution of Wealth«, *Journal of Economic Dynamics & Control 44,* 251–269.

Ferreira, F. H. G., Ravallion, M. (2009): »Poverty and Inequality: The Global Context«, in: Salverda, W. et al. (red.) (2009).

Filmer, R. (1652): »Observations Concerning the Original of Government […]«, in: Sommerville, J. P. (1991): *Filmer: ›Patriarcha‹ and Other Political Writings.* Cambridge University Press, Cambridge.

Finley, M. (1953): *Economy and society in Ancient Greece.* Penguin, Harmondsworth.

Fischer, C. S. m.fl. (1996): *Inequality by Design. Cracking the Bell Curve Myth.* Princeton University Press, Princeton, NJ.

Fisher, R., Ury, W. (1981): *Getting to Yes. Negotiating Agreement Without Giving In.* Houghton Mifflin Company, Boston. *[Dt. Übers.* Das Harvard-Konzept: Die unschlagbare Methode für beste Verhandlungsergebnisse, Frankfurt 2015].

Foxhall, L. (2002): »Access to Resources in Classical Greece: The Egalitarianism of the Polis in Practice«, in: P. Cartledge, E. E. Cohen und L. Foxhall (red.), *Money, Labour and Land: Approaches to the Economies of Ancient Greece. Routledge, London.*

Frankena, W.K. (1973): *Ethics.* 2. Ausg. Prentice-Hall, Englewood Cliffs, NJ. 215.

Fredriksson, G. (1986): *Konservativa idéer: Pessimismens politiska filosofi.* (Konservative Ideen: Pessimismus als politische Philosophie) Tiden, Stockholm.

Freedman, P. (1999): *Images of the medieval peasant.* Stanford University Press, Stanford, Ca.

Gandhi, M.K. (1947/2001): *India of my Dreams*. [Artikel hg. v. R.K. Prabhu. Navajivan Publishing House, Ahmedabad.]

Garnsey, P. (1988): *Famine and Food Supply in the Graeco-Roman World. Responses to Risks and Crises.* Cambridge University Press, Cambridge.

Gelin, M. (2012): *Den amerikanska högern. Republikanernas revolution och USA:s framtid. (Die amerikanische Rechte: Die republikanische Revolution und die Zukunft der USA).* Natur & Kultur, Stockholm.

Gellner, E. (1981): *Muslim Society.* Cambridge University Press, Cambridge.

– (1988): *Plough, Sword and Book. The Structure of Human History.* Collins Harvill, London.

Ghemawat, P. (1990): »The Snowball Effect«, *International Journal of Industrial Organization 8,* 335–351.

Goodall, J. (1990): *Through a Window. My Thirty Years with the Chimpanzees of Gombe.* Houghton Mifflin, Boston.

Goody, J. (1983): *The Development of the Family and Marriage in Europe.* Cambridge University Press, Cambridge.

Gruber, J., Wise, D. A. (red.) (1999): *Social Security and Retirement around the World.* University of Chicago Press, Chicago.

Gurven, M. et al. (2010): »Domestication alone does not lead to Inequality«, *Current Anthropology,* 51 (1), 49–64.

Hall, M. (1990): »›Hidden Archaeology‹: Iron Age Archaeology in Southern Africa«, in: Robertshaw, P., *A History of African Archaeology.* James Currey Publishers, Oxford.

Hamilton, W. (1964): »The Genetical Evolution of Social Behaviour«, *Journal of Theoretical Biology 7,* 1–16.

Hansson, P., Henrekson, M. (1994): »A new Framework for Testing the Effect of Government Spending on Economic Growth and Productivity«, *Public Choice 81,* 381–401.

Harsanyi, J. (1956): »Approaches to the Bargaining Problem before and after the Theory of Games: A Critical Discussion of Zeuthen's, Hicks', and Nash's Theories«, *Econometrica 24,* 144–157.

– (1977): *Rational Behavior and Bargaining Equilibrium in Games and Social Situations.* Cambridge University Press, Cambridge.

– (1977b): »Morality and the Theory of Rational Behaviour«, *Social Research,* 44(4), [Wied. abgedr. in: Sen & Williams (1982).]

von Hayek, F. A. (1959): *The Constitution of Liberty. University of Chicago Press, Chicago.*

– (1967): »The Results of Human Action but not of Human Design«, in: *Studies in Philosophy, Politics and Economics.* Routledge and Kegan Paul, London.

Haynes, S.R. (2002): *Noah's Curse. The Biblical Justification of American Slavery.* Oxford University Press, New York.

Heckman, J.J. (1995): »Lessons from the Bell Curve«, *Journal of Political Economy,* 103 (5), 1091–1120.

Herrnstein, R.J., Murray, C.J. (1994): *The Bell Curve: Intelligence and Class Structure in American Life.* Free Press, New York.

Hirschman, A.O. (1977): *The Passions and the Interests. Political Arguments for Capitalism before its Triumph.* Princeton University Press, Princeton, N.J.

– (1991): *The Rhetoric of Reaction. Perversity, Futility, Jeopardy.* Belknap/Harvard University Press, Cambridge (Mass.).

Hobbes, T. (1651): *Leviathan.* [Mit einer Einleitung hg. v. K.R. Minogue (1974).] Dent & Sons, London.

Homans, G.C. (1961): *Social Behavior: Its Elementary Forms.* Routledge and Kegan Paul, London.217

Howard, C. (1997): *The Hidden Welfare State: Tax Expenditures and Social Policy in the United States.* Princeton University Press, Princeton, N.J.

Hughes, T.P. (1971): *Elmer Sperry. Inventor and Engineer.* The Johns Hopkins University Press, Baltimore.

von Humboldt, W. (1792): *Ideen zu einem Versuch, die Grenzen der Wirksamkeit des Staates zu bestimmen.* [Geschrieben 1792. Der gesamte Text wurde erst 1851 postum aus dem Nachlass publiziert) Digitalisat und Volltext im Dt. Textarchiv: www.deutschestextarchiv.de/humboldt_grenzen_1851]

Hume, D. (1739–40): A *Treatise of Human Nature.* [Dt. Übers. *Eine Untersuchung über den menschlichen Verstand*, Hamburg 2015

– (1742): »Of the Original Contract«, in: *Essays Moral, Political, and Literary.* Library of Economics and Liberty.

Hägerström, A. (1911): *Om moraliska föreställningars sanning.* (Über den Wahrheitsgehalt moralischer Vorstellungen) Bonniers, Stockholm.

Immervoll, H., Richardson, L. (2011): »Redistribution Policy and Inequality Reduction in OECD Countries: What Has Changed in Two Decades?« *OECD Social, Employment and Migration Working Papers,* Nr. 122, OECD Publishing, Paris.

Jakab, P.L., Young, R. (2000): *The Published Writings of Wilbur and Orville Wright, Smithsonian Institution Press, Washington, D.C.*

Johansson, P., Palme, M. (2002): »Assessing the Effect of Public Policy on Worker Absenteeism«, *Journal of Human Resources,* 37 (2), 381–409.

Jordahl, H. (2009): »Economic Inequality«, in: Svendsen, G.T. und Svendsen, G.L.H. (red.), *Handbook of Social Capital.* Edward Elgar, Cheltenham.

Kalai, E. (1977): »Proportional Solutions to Bargaining Situations: Interpersonal Utility Comparisons«, *Econometrica 45,* 1623–1630.

Kalai, E., Smorodinsky, M. (1975): »Other Solutions to Nash's Bargaining Problem«, *Econometrica 43,* 513–518.

Katz, C.J., Mahler, V.A., Franz, M.G. (1983): »The Impact of Taxes on Growth and Distribution in Developed Capitalist Countries: A Cross-National Study«, *American Political Science Review 77,* 871–886.

Kelly, J. (1978): *Arrow Impossibility Theorems.* Academic Press, New York.

Kemeny, J.G., Snell, J.L. (1976): *Finite Markov Chains.* Springer, New York.

Keyfitz, N. (1973): »Can Inequality be Cured?«, *The Public Interest,* vol. 33, 91–101.

Keynes, J.M. (1936): *The General Theory of Employment, Interest and Money.* Macmillan, London.

Knauft, B. B. (1991): »Violence and Society in Human Evolution«, *Current Anthropology 32,* 391–428.

Knight, F. H. (1923): »The Ethics of Competition«, *Quarterly Journal of Economics 37,* 579–624.

Koester, R. B., Kormendi, R. C. (1989): »Taxation, Aggregate Activity and Economic Growth: Cross-country evidence on some supply-side hypotheses«, *Economic Inquiry XXVII,* 367–386.

Kohlberg, L. (1981): *Essays on Moral Development.* Harper and Row, San Francisco.

Kramer, S. N. (1981): *History Begins at Sumer.* 3. Ausg., University of Pennsylvania Press, Philadelphia.

Kuhn, H. W., Nasar, S. (2002): *The Essential John Nash.* Princeton University Press, Princeton, N. J.

Kymlicka, W. (1990): *Contemporary Political Philosophy: An Introduction.* Oxford University Press, Oxford. [Dt. Übers.: *Theorie und Gesellschaft Band 35: Politische Philosophie heute. Eine Einführung*, Frankfurt 1997]

Källström, C. (1979): *Identification and Adaptive Control applied to Ship Steering.* Akad. abh. Department of Automatic Control, Technische Hochschule der Universität Lund.

Landau, D. (1983): »Government Expenditure and Economic Growth,« *Southern Economic Journal 49 (4)*, 783–792.

Lane Fox, R. (1986): *Pagans and Christians.* Viking/Penguin Books, Harmondsworth.

Laslett, P. (1988): »Introduction«, in: *Locke: Two Treatises of Government,* Cambridge University Press, Cambridge.

Le Boeuf, B. J. (1974): »Male-Male Competition and Reproductive Success in Elephant Seals«, *American Zoologist 14,* 163–176.

Lee, D. (1974): »Introduction«, in: *Plato. The Republic.* 2. Ausgabe, Penguin Books, Harmondsworth.

Lekberg, P. (2002): *Yxors liv, människors landskap*. (Leben der Äxte, Landschaften aus Menschen) akad. Abh. Institut Archäologie und Geschichte der Antike, Universität Uppsala.

Le Roy Ladurie, E. (1975): *Montaillou, village occitan de 1294 à 1324*. Éditions Gallimard, Paris. [Dt. Übers. *Montaillou. Ein Dorf vor dem Inquisitor* 1294 bis 1324, Berlin/München 1983]

Letwin, W. (red.) (1983): *Against Equality. Readings on Economic and Social Policy.* Macmillan Press, London.

Levine, R., Renelt, D. (1992): »A Sensitivity Analysis of Cross-country Regressions, *American Economic Review 82*, 942–963.

Levine, R., Zervos, S.J. (1993): »What have we Learnt about Policy and Growth from Cross-country Regressions«, *American Economic Review 83,* Papers and Proceedings, 426–430.

Lindert, P.H. (2000): »Three Centuries of Inequality in Britain and America«, in: Atkinson and Bourguignon (red.) (2000).

Lindström, S. (1927): *De besegrade* (Die Besiegten). Gebers, Stockholm.

Locke, J. (1690): *Two Treatises of Government.* Red. av P. Laslett (1960). Cambridge University Press, Cambridge.

Macfarlane, A. (1978): *The Origins of English Individualism. The Family, Property and Social Transition.* Basil Blackwell Publishers, Oxford.

Mackie, J.L. (1977): *Ethics. Inventing Right and Wrong.* Penguin Books, Harmondsworth.

Maddison, A. (2001): *The World Economy. A Millennial Perspective.* OECD, Paris.

de Maistre, J. (1814): *Essai sur le principe générateur des constitutions politiques et des autres institutions humaines,* zit.in Muller (1997), Introduction.

– (1819): *Du Pape, livre II, kap. X,* zit. in Muller (1997), Introduction.

Malinowski, B. (1922): *Argonauts of the Western pacific.* Routledge & Kegan Paul, London.

Mann, M. (1986): *The Sources of Social Power. Vol. I. A history of Power from the Beginning to A. D. 1760.* Cambridge University Press, Cambridge.

Maslow, A. (1936–1937): »The role of dominance in social and sexual behaviour of infra-human primates«, *Journal of Genetic Psychology* Vol. 48, 261–277, 278–309, 310–338, und Vol. 49, 161–198.

Mauss, M. (1923–1924): *Essai sur le don, forme et raison de l'échange dans les sociétés archaïques. L'Année Sociologique, 2e série.*

Mayer, A. J. (1981): *The Persistence of the Old Regime. Europe to the Great War.* Pantheon Books, New York.

Mayr, O. (1969): *Zur Frühgeschichte der Technischen Regelungen.* Oldenbourg, München/Wien.

McNeill, W. H. (1976): *Plagues and Peoples.* Anchor/Doubleday, Garden City.

Meghir, C., Palme, M. (2005): »Educational Reform, Ability, and Family Background«, *American Economic Review,* 95 (1), 414–24.

Merton, R. J. (1936): »The Unanticipated Consequences of Purposive Social Action«, *American Sociological Review,* 1 (6), 894–904.

Meyer, D. J., Meyer, J. (2006): »Measuring Risk Aversion«, *Foundations and Trends in Microeconomics,* 2(2), 107–203

Miers, S. (2003): *Slavery in the Twentieth Century. The Evolution of a Global Problem.* Altamira Press, Walnut Creek, Ca.

Milanović, B. (2006): »An Estimate of Average Income and Inequality in Byzantium Around Year 1000«, *Review of Income and Wealth,* 52, 449–470.

– (2009): *Global Inequality of Opportunity – How much of our Income is Determined at Birth?* Mimeo, The World Bank, Washington, D. C., February 2009.

Milanović, B., Lindert, P.H., Williamson, J.G. (2007): *Measuring Ancient Inequality.* NBER Working Paper 13550, Cambridge, Mass., online unter: http://econ.worldbank.org/projects/inequality

Mill, J.S. (1848): *Principles of political economy with some of their applications to social philosophy.* online unter: http://www.econlib.org/ library/Mill/mlP.html.

– (1859): *On Liberty.* Zit.n. 2002 Modern Library edition, Random House, New York.

Mishel, L. (2006): »CEO-to-worker pay Imbalance Grows«, *Economic Snapshots,* June 21 2006, Economic Policy Institute, Washington, D.C.

Molander, P. (1984): »Pangloss Paradigm«, *Tvärsnitt* (Querschnitt), 3/1984.

– (1992): »The Prevalence of Free Riding«, *Journal of Conflict Resolution,* 36 (4), 756–771.

Molander, P., Nurmi, H. (2002): *På spaning efter folkviljan* (Die Suche nach dem Willen des Volkes). SNS Förlag, Stockholm.

Moore, G.E. (1903): *Principia Ethica.* Cambridge University Press, Cambridge.

Morrisson, C. (2000): »Historical Perspectives on Income Distribution: The Case of Europe«, in: Atkinson & Bourguignon (red.) (2000).

Mueller, D. (1989): *Public Choice II. A Revised Edition of Public Choice*. Cambridge University Press, Cambridge.

Mulhall, S., Swift, A. (1996): *Liberals and Communitarians.* 2. Ausgabe. Blackwell Publishers, Oxford.

Muller, J.Z. (red.) (1997): *Conservatism. An Anthology of Social and Political Thought from David Hume to the Present.* Princeton University Press, Princeton, N.J.

Murdock, G.P., White, D.R. (1980): »Standard Cross-cultural Sample«, in: Barry, H., Schlegel, A. (red.), *Cross-cultural Samples and Codes.* University of Pittsburgh Press, Pittsburgh.

Myers, M. (1983): *The Soul of Modern Economic Man.* University of Chicago Press, Chicago.

Nash, J. (1950): *Noncooperative Games.* Akad. Abh., Princeton University. [Wiederöffentl. in Kuhn and Nasar, Kap.6. (2002)].

Nilsson, P. (2009): *Essays on Social Interactions and the Long-term Effects of Early-life Conditions. Akad. Abh.,* Institut für Wirtschaft, Uppsala Universitet.

Nordén, C. J. (2005): *Riskgruppsutjämning – viktigare än progressivitet.* (Ausgleich von Risikogruppen – Wichtiger als Progessivität). Hintergrundbericht der Sozialversicherungskommission, Ministerium für Soziales, Stockholm.

Nozick, R. (1974): *Anarchy, State and Utopia.* Basic Books, New York. [Dt. Übers.: *Anarchie – Staat – Utopia,* München 2011]

Nurmi, H. (2002): *Voting Procedures under Uncertainty.* Springer Verlag, Berlin.

OECD (2011): *Divided we Stand. Why Inequality Keeps Rising.* OECD, Paris.

Ok, E. (1998): »Inequality Averse Collective Choice«, *Journal of Mathematical Economics 30,* 301–321.

Okun, A. (1975): *Equality and Efficiency. The Big Trade-off.* The Brookings Institution, Washington, D. C.

Olson, M. (1965): *The Logic of Collective Action: Public Goods and the Theory of Groups.* Harvard University Press, Cambridge, Mass.

Ordeshook, P. (1992): *A Political Theory Primer.* Routledge, New York.

Osborne, M.J., Rubinstein, A. (1990): *Bargaining and Markets.* Academic Press, New York.

Osborne, R. (1992): »›Is it a Farm?‹: The Definition of Agricultural Sites and Settlements in Ancient Greece«, in: B. Wells (red.), *Agriculture in Ancient Greece: Proceedings of the Seventh International Symposium at the Swedish Institute of Athens.* Oxbow Books, Oxford.

Oxfam (2014): *Working for the Few. Political Capture and Economic Inequality.* Oxfam International, Oxford.

Parkinson, R.B. (1991): *Voices from Ancient Egypt.* British Museum Press, London.

Piaget, J. (1932): *Le jugement moral chez l'enfant. Librairie Félix Alcan, Paris. Eng.* Übers. *(1960) Moral Judgement of the Child.* Routledge & Kegan Paul, London.

Piketty, T. (2000): »Theories of Persistent Inequality and Intergenerational Mobility«, Kap. 8 in: Atkinson & Bourguignon (2000).

– (2013): *Le capital au XXIe siècle.* Éditions du Seuil, Paris. [Dt. Übers.: *Das Kapital im 21. Jahrhundert,* München 2016]

Popper, K. (1945): *The Open Society and its Enemies. Vol. One: The Spell of Plato.* Routledge & Kegan Paul, London. [Dt. Übers. Gesammelte Werke 5: *Die offene Gesellschaft und ihre Feinde,* Band 1: Der Zauber Platons, Tübingen 2003]

Pratt, J.W. (1964): »Risk Aversion in the Small and in the Large«, *Econometrica,* 32 (1–2), 83–98.

Pratt, J.W., Raiffa, H., Schlaifer, R. (1964): »The Foundations of Decision Making under Uncertainty«, *American Statistical Association Journal 59,* 353–375.

Prior, A.N. (1960): »The Autonomy of Ethics«, *Australasian Journal of Philosophy 38,* 199–206.

Putnam, R. D. u.a. (1992): *Making Democracy Work. Civic Traditions in Modern Italy.* Princeton University Press, Princeton.

– (1995): »Bowling Alone: America's Declining Social Capital«, *Journal of Democracy,* January 1995, 65–78.

– (2000): *Bowling Alone. The Collapse and Revival of American community.* Simon & Schuster, New York.
– (2001): »Social Capital: Measurement and Consequences« *Canadian Journal of Policy Research 2,* 41–51.
Raiffa, H. (1982): *The Art and Science of Negotiation.* Harvard University Press, Cambridge, Mass.
Ram, R. (1986): »Government Size and Economic Growth: A New Framework and Some Evidence from Cross-section and Time-series Data«, *American Economic Review,* 76 (1), 191–203.
Rawls, J. (1971): *A Theory of Justice.* Belknap/Harvard University Press, Cambridge, Mass.
Riker, W.H. (1962): *Theory of Political Coalitions.* Yale University Press, New Haven.
Rothermund, D. (1993): *An Economic History of India. From Precolonial Times to 1991.* 2. Ausg. Routledge, London.
Rousseau, J-J. (1755): *Discours sur l'origine et les fondements de l'inégalité parmi les hommes. Discourse on inequality, Penguin Books, Harmondsworth.* [Dt. Übers.: Abhandlung über den Ursprung und die Grundlagen der Ungleichheit unter den Menschen, Leipzig 1998]
– (1755b): *Discours sur l'économie politique.* Jean-Marie Tremblay, online unter: http://www.uqac.quebec.ca
– (1762): *Du contrat social.* [Dt. Übers.: *Vom Gesellschaftsvertrag,* Leipzig 1986]
Rubinstein, A. (1982): »Perfect Equilibrium in a Bargaining Model«, *Econometrica 50,* 97–109.
Sabine, G.H., Thorson, T.L. (1973): *A History of Political Theory.* 4. Ausgabe, Dryden Press, Hinsdale, Ill.
Sadurski, W. (1985): *Giving Desert its Due. Social Justice and Legal Theory.* D. Reidel Publishing Company, Dordrecht.
Sahlins, M. (1972): *Stone Age Economics.* Tavistock Publications, London.

Salverda, W., Nolan, B., Smeeding, T.M. (red.) (2009): *The Oxford Handbook of Economic Inequality.* Oxford University Press, Oxford.

Sandmo, A. (i.V.): »The Principal Problem in Political Economy: Income Distribution in the History of Economic Thought«, in: Atkinson & Bourguignon, F. *Handbook of Income Distribution, 2. Ausgabe.*

Savage, L.J. (1954): *Foundations of Statistics.* Wiley, New York.

Scarr, C. (red.) (2009): *The Human Past. World Prehistory and the Development of Human Societies.* 2. Ausgabe. Thames & Hudson, New York.

Scheidel, W. (2010): »Human Development and Quality of Life in the Long Run: The Case of Greece.« Mimeo, Stanford University.

Schjelderup-Ebbe, T. (1922): »Beiträge zur Psychologie des Haushuhns«, *Zeitschrift für Psychologie 88,* 225–252.

Schumpeter, J.A. (1943): *Capitalism, Socialism and Democracy.* [Dt. Übers.: *Kapitalismus, Sozialismus und Demokratie,* Tübingen 1980]

Schurz, G. (1997): *The Is-Ought Problem. An Investigation in Philosophical Logic.* Kluwer, Dordrecht.

Searle, J. (1964): »How to Derive ›Ought‹ from ›Is‹«, *Philosophical Review 73,* Wiederabdr. in: Hudson, W.D. (1969): *The Is-Ought Question.* Macmillan Press, London.

Selander, S. (1926): *Staden och andra dikter* (Die Stadt und andere Gedichte). Bonnier, Stockholm.

Sen, A. (1985): *Commodities and Capabilities.* North-Holland, Amsterdam.

– (1992): *Inequality Reexamined.* Russell Sage Foundation/Harvard University Press, Cambridge, Mass.

– (2009): *The Idea of Justice.* Belknap/Harvard University Press, Cambridge, Mass.

Sen, A., Williams, B. (red.) (1982): *Utilitarianism and Beyond.* Cambridge University Press, Cambridge.

Service, E.R. (1975): *Origins of the State and Civilization. The Process of Cultural Evolution.* Norton, New York.

Shenk, M. m.fl. (2010): »Intergenerational Wealth Transmission Among Agriculturalists«, *Current Anthropology,* 51 (1), 65–83.

Shubik, M. (1954): »Do the Fittest Necessarily Survive?« in: *Readings in Game Theory and Political Behaviour.* Doubleday, New York.

Slemrod, J. (1995): »What do Cross-country Studies Teach about Government Involvement, Prosperity and Economic Growth?«, *Brookings Papers on Economic Activity,* 1995 (2), 373–431.

Smith, A. (1776): *An Inquiry into the Nature and Causes of the Wealth of Nations, Vol. 1,* zit. n. Glasgow Edition (1981) of the Works and Correspondence.

Smith, E.A. et al. (2010): »Wealth Transmission and Inequality among Hunter-gatherers«, *Current Anthropology,* 51 (1), 19–34.227.

Smith, E.A. et al. (2010b): »Reply«, *Current Anthropology,* 51 (1), 119–126.

Soffer, O. (1985): *The Upper Paleolithic of the Central Russian Plain.* Academic Press, Orlando.

Soltow, L., van der Zanden, J-L. (1998): *Income and Wealth Inequality in the Netherlands, 16th–20th Century.* Het Spielhuis, Amsterdam.

Stanton, G.R. (1990): *Athenian Politics c. 800–500 BC. A Sourcebook.* Routledge, London.

Strauss, L., Cropsey, J. (red.) (1987): *History of Political Philosophy.* 3. Ausgabe, University of Chicago Press, Chicago.

Ståhl, I. (1972): *Bargaining Theory.* EFI, Stockholm School of Economics, Stockholm.
– (1994): *The Rubinstein and Ståhl Bargaining Models. A Comparison and an Attempt at a Synthesis.* EFI Research Paper 6535, Stockholm School of Economics, Stockholm.
Sussmann, N. (2008): *Incomes, Inequality and Social Mobility in Late Medieval Paris.* Mimeo, Hebrew University, Jerusalem.
Taçon, P., Chippindale, C. (1994): »Australia's Ancient Warriors: Changing Depictions of Fighting in the Rock Art of Arnhem Land, N.T«, *Cambridge Archaeological Journal 4,* 211–248.
Thomas, H. (1997): *The Slave Trade. The story of the Atlantic Slave Trade: 1440–1870.* Touchstone, New York.
Thomson, W. (2010): »Introduction«, in: Thomson, W. (red.) (2010).
Thomson, W. (red.) (2010): *Bargaining and the Theory of Cooperative Games: John Nash and Beyond.* Edward Elgar, Cheltenham.
Tingsten, H. (1939): *De konservativa idéerna* (Ideen des Konservatismus). Bonniers, Stockholm. Neuausg. Aldus/Bonniers (1966).
Tobin, J. (2003): *To Conquer the Air. The Wright brothers and the Great Race for Flight*. Free Press, New York.
de Tocqueville, A. (1835–40/1990): *De la démocratie en Amerique.* Sv. övers. Om demokratin i Amerika. Atlantis, Stockholm (1997). [Dt. Übers.: Über die Demokratie in Amerika, 1-2, München 1987]
Trivers, R. (1971): »The Evolution of Reciprocal Altruism«, *Quarterly Review of Biology,* 46 (1), 35–57.
Trollope, A. (1883): *Autobiography,* zit. n. Bramsted & Melhuish (1978).
Tuck, R. (1989): *Hobbes.* Oxford University Press, Oxford.

Tuomala, M. (1990): *Optimal Income Tax and Redistribution.* Clarendon Press, Oxford.

Tännsjö, T. (2001): *Konservatismen* (Konservatismus). Bilda Förlag, Stockholm.

Udehn, L. (1996): *The Limits of Public Choice. A Sociological Critique of the Economic Theory of Politics.* Routledge, London.

Ullman-Margalit, E. (1977): *The Emergence of Norms.* Clarendon Press, Oxford.

Vico, G. (1725): *Scienza nuova.* [Dt. Übers. *Prinzipien einer neuen Wissenschaft über die gemeinsame Natur der Völker,* Hamburg 1990]

Visser, J., Checchi, D. (2009): »Inequality and the Labor Market: Unions«, in: Salverda et al. (red.) (2009).

Voitchovsky, S. (2009): »Inequality and Economic Growth«, in Salverda et al. (red.) (2009).

de Voltaire, F-M. A. (1759): *Candide, ou l'optimisme.* [Dt. Übers.: *Candide oder die beste aller Welten,* Leipzig 1986].

de Waal, F. (1996): *Good natured. The origins of Right and Wrong in Humans and other Animals.* Harvard University Press, Cambridge, Mass. [Dt. Übers.: *Der gute Affe. Der Ursprung von Recht und Unrecht bei Menschen und anderen Tieren,* München 1997]

– (2005): *Chimpanzee politics. Power and sex among apes. 25th anniversary edition of the original 1980 book.* Johns Hopkins University Press, Baltimore.

Whiten, A., Byrne, R.W. (red.) (1997): *Machiavellian intelligence II. Extensions and evaluations.* Cambridge University Press, Cambridge.

Wilkinson, R.G. (2005): *The impact of inequality.* The New Press, New York.

Wilkinson, R.G., Pickett, K. (2009): *The spirit level.* Penguin Books, Harmondsworth.

Wittfogel, K. A. (1957): *Oriental despotism. A comparative study of total power.* Yale University Press, New Haven.

World Bank (2005): *Equity and development. World Development Report 2006.* World Bank, Washington, D. C.

– *(2007): Agriculture for Development. World Development Report 2008.* World Bank, Washington, D. C.

Wright, O. (1913): »How We Made the First Flight«, *Flying. December 1913*, in: Jakab, P. L., Young, R., (2000): *The Published Writings of Wilbur and Orville Wright.* Smithsonian Institution Press, Washington, D. C.

Young, P. (1993): »An Evolutionary Model of Bargaining«, *Journal of Economic Theory,* 59 (1), 145–168.

Zeuthen, F. (1930): *Problems of Monopoly and Economic Warfare*. Routledge, London.

Anmerkungen

1 John Philpot Curran: »Election of Lord Mayor of Dublin«. Rede vor dem Geheimrat in Dublin 1790 (Curran 1865, 105).

1. Die Ungleichheit und ihr Schatten

1 Kramer (1981), 104.
2 Parkinson (1991), 63. Weiterführende Literatur zur Ideengeschichte: Sabine & Thorson (1973), Strauss & Cropsey (red.) (1987) und Kymlicka (1990).
3 Rawls (1972), Nozick (1974).

2. Murmeln spielen

1 Oxfam (2015).
2 Selander (1926).
3 Kemeny & Snell (1976): Die Markow-Kette ist hier Teil des Arguments.
4 Dr. Pangloss ist ein Protagonist in Voltaires *Candide* (1759). In *Tvärsnitt* (Querschnitt) (1984) habe ich einen Beitrag über das Pangloss-Paradigma geschrieben, in dem weitere Literatur zu finden ist, in der die Rationalität der Evolution infrage gestellt wird.
5 Shubik (1954).
6 Zur Fortpflanzung siehe Emlen & Oring (1977); zur Forschung zu See-Elefanten siehe Le Boeuf (1974).
7 Allgemein zu Tauschtheorien: Bredemeier (1978), Coleman (1990), Homans (1961).
8 Praktische Illustrationen zu Verhandlungsproblemen finden sich bei Fisher & Ury (1981) und Raiffa (1982).
9 Modelle für politische Verhandlungen sind ein weiter, umstrittener Forschungsbereich. Mueller (1989) und Ordeshook (1992) enthalten Übersichten zur Literatur über ökonomische Rationalitätsmodelle, wie Downs (1957), Buchanan & Tullock (1962) und Buchanan (1975). Kritische Ana-

lysen dieses Ansatzes in Barry (1965) aus staatswissenschaftlicher und in Udehn (1996) aus soziologischer Perspektive.

10 Adam-Smith-Zitat: *Wealth of nations*, Book I, Ch. II.

11 Über Brautkauf und Mitgift siehe Goody (1983).

12 Die erwähnte Klassiker sind Durkheim (1893), Malinowski (1922) und Mauss (1923–1924), 30.

3. Die Archäologie der Ungleichheit

1 Über Maße der Ungleichheit: Atkinson (1983) und Cowell (2000).

2 Dass Analysen der Ungleichheit auch die Unterschiede bzgl. der Möglichkeiten und nicht nur der tatsächlichen Aktiva zu beachten haben, wurde von Amartya Sen betont. Siehe Sen (1985), (1992).

3 Studien zu Primaten: de Waal (2005), Gallup (1970), Byrne & Whiten (1997), Goodall (1990).

4 Zur Hackordnung bei zahmen Hühnern: Schjelderup-Ebbe (1922).

5 Zum Dominanztrieb siehe Maslow (1933–4).

6 Hobbes-Zitat: *Leviathan*, Hobbes (1651), Kap. 11.

7 Allgemeine Übersichten bei Brown (1991), Scarr (red.) (2005). Im Übrigen siehe Evans-Pritchard (1940), Sahlins (1972), Service (1975). Über die Entwicklung der sozialen Intelligenz siehe weiter Boehm (1997) und Barton & Dunbar (1997).

8 Zur zentralrussischen Ebene: Soffer (1985).

9 Lekberg (2002).

10 Bowles et al. (2010).

11 Smith et al. (2010).

12 Gurven et al. (2010).

13 Borgerhoff Mulder et al. (2010).

14 Murdock & White (2010).

15 Taçon & Chippendale (1994).

16 Die Bedeutung organisierter Gewalt für die Sozialstruktur wird behandelt von Boix (2010).

17 Gellner (1988).

18 Wittfogel (1957); kritische Analysen in Butzer (1976) und Mann (1986).

19 Shenk et al. (2010).

20 Smith et al. (2010b).

21 Foxhall (2002) und Osborne (1992), zit. bei Scheidel (2010).

22 Klassische Analysen der Sozialstruktur Athens sind Burns (1966) und Finley (1953).

23 Ein genaue Analyse der Solon'schen Reformen anhand zeitgenössischer Dokumente ist Stanton (1990).

24 Milanovic u.a. (2007).

25 Garnsey (1988).

26 Eine Übersicht der wirtschaftlichen und demografischen Geschichte der letzten 1 000 Jahre: Maddison (2001).

27 Bekar & Reed (2009) und Campbell (2008), für Paris: Sussmann (2008), für Byzanz und Rom: Milanovic (2006) respektive Milanovic et al. (2007).
28 Über den Sklavenhandel siehe Thomas (1997).
29 Lindert (2000), Soltow & van der Zanden (1998) und Morrisson (2000).
30 OECD (2011) enthält eine Übersicht der Entwicklung in den OECD-Ländern während der letzten Jahrzehnte. Siehe weiter Brandolini & Smeeding (2009) und Immervoll & Richardson (2011).
31 Piketty (2013).
32 Ferreira & Ravallion (2009).
33 Voitchovsky (2009).
34 Bourguignon & Morrisson (2002).
35 Dieser Abschnitt basiert auf Milanovic et al. (2007).
36 Die Möglichkeit, den Wechsel zu neuen Voraussetzungen zu bewältigen, wird für Europa analysiert von: Mayer (1981).

4. Das Ende des Märchens

1 Das Gedicht Sigfrid Lindströms wurde zuerst 1927 in der Sammlung *De besegrade* [Die Besiegten] veröffentlicht.
2 Nashs Abhandlung (Nash 1950) und eine Reihe anderer Schlüsselwerke wurden wiederveröffentlicht in Kuhn & Nasar (2002). Ein moderne Darstellung zum Beispiel bei Osborne & Rubinstein (1990).
3 Dehaene (2003).
4 Eine Übersicht über die Entwicklung seit Nash mit Schlüsselpublikationen anderer Forscher bei Thomson (red.) (2010). Die hauptsächlichen Alternativen zu Nash sind die Lösung von Kalai-Smorodinsky (Kalai & Smorodinsky 1975) und die sog. egalitäre Lösung (Kalai 1977) (die nicht sonderlich egalitär ist). Ok (1998) hat gezeigt, dass Nashs Lösung eine effektive Abwägung zwischen Effektivität und Verteilungsambitionen ist, während dies bei Kalai-Smorodinskys Lösung nicht der Fall ist. Nashs Ansatz ähnelt dem von Kenneth Arrow zum gleichen Zeitpunkt zur Analyse kollektiver Entscheidungsprobleme verwendeten, vgl.; Arrow (1950), Kelly (1978). Nash schlug ein strategisches Modell vor, mit dem Auktionsprozess als Alternative zu seinem Hauptmodell. Realistischere Modelle waren bereits entwickelt worden von Zeuthen (1930), ein späteres wurde von Harsanyi (1956) vorgestellt. Das heute meist verwendete Modell geht zurück auf Ståhl (1972) und Rubinstein (1982); vgl. außerdem Ståhl (1994). Weitere Argumente für die Lösung Nashs bei van Damme (1986) und Young (1993).
5 Der Beweis für die Behauptung erfordert keine höheren mathematischen Kenntnisse als zwei Semester Mathematik. (Differenzial und Integral). Die Risikobereitschaft wird mithilfe von Arrow-Pratts definiert (Pratt 1964; Arrow 1965, 1971). Die Forderung nach einer abnehmenden Risi-

kobereitschaft mit zunehmenden Aktiva ist notwendig. Für eine empirische Diskussion dieser Voraussetzung siehe Meyer & Meyer (2006).
6 Smith-Zitat aus *Wohlstand der Nationen*. Buch I Kap. VIII.
7 Humes Diskussion der Beziehung zwischen Sein und Soll in Hume (1739–1740), Buch III, Teil I, Abschnitt I. Humes These wurde weiterentwickelt von Moore (1903), Hägerström (1911); für kritische Analysen siehe Prior (1960) und Searle (1964).
8 Schurz (1997).

5. Die Kunst des Fliegens

1 Eine lesenswerte Darstellung der Flugversuche mit Geräten schwerer als Luft ist Tobin (2003).
2 Das Zitat von Orville Wright in: Wright (1913).
3 Über den Zusammenhang zwischen der Entwicklung der Kommunikationssysteme und die Verbreitung ansteckender Krankheiten siehe McNeill (1976).
4 Das Zitat von Wilbur Wright bei Jakab & Young (red.) (2000).
5 Über die Versuche Elmer Sperry siehe Hughes (1971).
6 Källström (1979).
7 Keynes (1936) über die intellektuelle Abhängigkeit von verstorbenen Ökonomen.
8 Die Geschichte des Feedback wird behandelt in Mayr (1969). Eine Quelle mit frühen wichtigen Beiträgen ist Bellman & Kalaba (1964).
9 Frankena (1973), Mackie (1977).
10 Ullman-Margalit (1977).
11 Standardreferenzen für moralische Reife sind Piaget (1932/1960) und Kohlberg (1981).
12 Über den Zehnten siehe Lane Fox (1986), Kap. 10.
13 Ähnlich kritische Gedanken zur Suche nach der perfekten Konstitution bei Sen (2009).

6. Zurück zum Sozialkontrakt

1 Zitat nach Hume (1742). Allgemeine Referenzen für den ideenhistorischen Überblick wie oben genannt Sabine & Thorson (1973), Strauss & Cropsey (red.) (1987) und Kymlicka (1990). Für einen mehr auf das eigentliche Verteilungsproblem ausgerichteten Überblick siehe Sandmo (2014).
2 Nicholas von Kues zitiert nach Sabine & Thorson (1973).
3 Filmer (1652).
4 Hobbes (1651), Kap. 21.
5 Hobbes (1651), Kap. 13.
6 Tuck (1989), Teil III.
7 Locke (1690), § 6; siehe auch Laslett (1988).

8 Locke (1690), §§ 27, 40, 193 respektive 4. 203.
9 John Locke: *Zweite Abhandlung über die Regierung*.
10 Rousseau (1755).
11 Rousseau (1755).
12 Der Hinweis auf die moderne Abstimmungstheorie betrifft Condorcets Jurytheorem; siehe zum Beispiel Nurmi (2002) und Molander & Nurmi (2002).
13 Ideenhistorischer Hintergrund in: Hirschman (1977) und Myers (1983).
14 Merton (1936). Beiträge zur Tradition: Vico (1725), von Hayek (1967) und Campbell (1974).
15 Braithwaite (1955), Hamilton (1964), Trivers (1971), Axelrod (1984) mit kritischem Kommentar in: Molander (1992).
16 Rawls (1972), Nozick (1974).
17 Harsanyi (1977), Binmore (1994), (1998), (2005).

7. Liberalismus und Ungleichheit

1 Eine Einführung in den Liberalismus und wichtige Quellen: Bramsted & Melhuish (1978).
2 Arblaster (1984) legt eine kritische Perspektive an die Ideengeschichte des Liberalismus an.
3 Macfarlane (1978), Le Roy Ladurie (1975).
4 Nozick über Besteuerung als Strafarbeit: Der Text stellt keine generelle Analyse von Nozicks Theorie dar. Jedoch erscheint der Hinweis angemessen, dass Nozicks Argument seine eigene Rekonstruktion des Nachtwächterstaates betrifft. Was ein solcher Staat umfassen soll, ist keineswegs eindeutig. Manche begnügen sich mit einer Landesverteidigung durch eine Miliz, während andere Kernwaffen für nötig halten. Falls anderes als die Minimal-Möglichkeit realisiert wird, werden die Befürworter in Nozicks Terminologie der Strafarbeit ausgesetzt.
5 Nozick (1974), S. 331.
6 Popper (1945), von Hayek (1967).
7 Sadurski (1985), Kap. 5.
8 Knight (1923).
9 Milanovic (2009).
10 Die Lohnvergleiche für die USA von Mishel (2006) und für Schweden von Bergström & Järliden in: Bergström (2013).
11 Trollope (1883).
12 Siehe etwa Letwin (red.) (1983) passim.
13 Nilsson (2009).
14 Herrnstein & Murray (1994). Kritische Analysen der statistischen Bearbeitung siehe Heckman (1995). Eine allgemeinere Kritik findet sich bei Fischer et al. (1996).
15 [eigene Übersetzung] vgl. Rawls (1972), Absatz 46.
16 Tuomala (1990).

17 Mulhall & Swift (1996), bei Rechtsliberalen und Konservativen: Nozick (1974), Letwin (red.) (1983); Methodenkritik: Harsanyi (1977b), Binmore (1994, 1998, 2005).
18 Kritik an Harsanyi: Sen & Williams (1982), Introduction.
19 Savage (1954), Anscombe & Aumann (1963), Pratt, Raiffa & Schlaifer (1964); außerdem die Diskussion in: Harsanyi (1977).
20 Humboldt (1792).
21 De Tocqueville (1835–1840).
22 Mill (1859), (1848).
23 Schumpeter (1943), insbesondere Teil II.

8. Der Konservatismus: Ungleichheit als Notwendigkeit und Ressource

1 Für eine Einführung in die Ideen des Konservatismus mit Schlüsseltexten siehe Muller (1997).
2 Hirschman (1991), Boulding (1975), Keyfitz (1973). Die Stabilität bei ungleichen Verteilungen wird von völlig anderen Ausgangspunkten diskutiert in Banerjee and Duflo (2011), Banerjee et al. (red.) (2006) und Piketty (2000).
3 Über die Sklaverei im 20. Jahrhundert vgl. Miers (2003), der jedoch eine relativ breite Definition zugrunde legt.
4 Siehe Popper (1945) für eine klassische Kritik.
5 Maistre (1814).
6 Collins (1998) für eine breite Analyse des Zusammenspiels zwischen den Religionen und den sie umgebenden Gesellschaften.
7 Rothermund (1993), Basham (red.) (1975) und Gandhi (1947/2001).
8 Bamshad et al. (2001).
9 Dt. Übersetzung von Johann Chr. Hüttner: *Die Gesetze des Manu*. Husum, 1981. (Überarbeitete Fassung von »Menu's Verordnung nach Cullucas Erläuterung«. Weimar, 1797).
10 *Die Gesetze des Manu*, I:99-101, VIII:37.
11 Über die Problematik der Paulus-Gestalt: siehe Eisenman (1997).
12 Bibelzitate: »Mein Reich …«: Joh. 18:36; »Gebt dem Kaiser …«: Matt. 22:21, Mark. 12:17, Luk. 20:25; »Jeder Mensch …«: Rom. 13:1–2; »Darum …»: Röm. 13:6–7.
13 Der Konflikt zwischen dem Verbot zu töten und dem Dienst in der kaiserlichen Armee wird diskutiert von Lane Fox (1986), passim.
14 Über Gregor VII: siehe Berman (1983), Kap. 2.
15 Über den sumerischen Ursprung des Hohen Lieds siehe Kramer (1981), Kap. 33.
16 Noah-Zitat: 1. Mos. 9:20–27. Allgemein zu Noahs Fluch: Haynes (2002).
17 Frühe jüdische Kommentatoren: Braude (1997). Origenes Predigten über Genesis und Exodus und Augustinus Gottesstaat von Haynes (2002).

18 Über Noas Fluch als Legitimierung der Stellung des Adels, siehe Freedman (1999), Kap. 4.
19 Zur Veränderung der Zehn Gebote durch das Christentum 2 Mos. 20:4 (beziehungsweise 2 Mos. 34:17) zur ursprünglichen Version. Das Zitat von Matt. 5:18.
20 Allgemeine Referenzen zum Islam Gellner (1981) und Crone (2004).
21 Crone (2004), Berkey (2003).
22 Crone (2004), 342.
23 Zitat über den Hinduismus von Chaudhuri (1979), 27.
24 Koranzitate: 43:32 respektive 62:4.
25 Crone (2003), Kap. 17.
26 Bezüglich der Sklaverei: Braude (2003).
27 Zum Sklavenhandel während des Hadsch: Miers (2003), Kap. 7.
28 Hume (1739–40), Buch III, Teil II, Abschnitt III. Barry (1965), Anm. U.
29 De Maistre (1819), Burke zitiert nach Muller (1997), Introduction.
30 Die südafrikanische Archäologie während der Apartheid: Hall (1990).
31 De Maistre als Utilitarist, zit. n. Muller (1997), Introduction.
32 Merton (1936).
33 Über die ideologische Entwicklung der amerikanischen Rechten siehe Gelin (2012).

9. Die Sozialdemokratie und die Ungleichheit

1 Smith (1776), Buch I, Kap. X, Teil II.
2 Ghemawat (1990).
3 Zum Ausgleich von Voraussetzungen: Meghir & Palme (2005), Björklund & Jäntti (2009), Corak (2013).
4 Nordén (2005).
5 Zur Auswirkung von Gewerkschaften siehe: Visser & Checchi (2009).
6 Okun (1975).
7 Über den Zusammenhang zwischen Verteilung und wirtschaftlicher Entwicklung vgl. Voitchovsky (2009).
8 Zur wirklichen Größe des amerikanischen Wohlfahrtsstaates vgl. Howard (1997).
9 Über die Beziehungen zwischen öffentlichem Sektor und ökonomischer Entwicklung gibt es umfangreiche und teilweise widersprüchliche Darstellungen, zum Beispiel Agell et al. (1995), Agell et al. (1997), Atkinson (1995), Barro (1991), Cashin (1995), Hansson & Henrekson (1994), Katz u.a. (1983), Koester & Kormendi (1989), Landau (1983), Levine & Renelt (1992), Levine & Zervos (1993), Ram (1986) und Slemrod (1995).
10 Mikrostudien zur Arbeitslosenversicherung: Carling u.a. (2001), Krankenversicherung: Johansson & Palme (2002) resp. Renten: Gruber & Wise (red.) (1999).
11 de Waal (1996).
12 Jordahl (2009).

13 Die moderne Erforschung von Vertrauen und sozialem Kapital begann mit Putnams Buch *Making Democracy Work* (1992), das seinerseits auf Edward Banfields Studie *The Moral Basis of a Backward Society* (1958) aufbaute. Eine relativ frühe Referenz ist auch Coleman (1990), Kap. 12. Einer von Putnams meistzitierten Beiträge ist »Bowling Alone: America's Declining Social Capital« von 1995. Eine erweiterte Version in Buchform ist Putnam (2000). Die Zusammenfassung stammt von Putnam (2001).
14 Wilkinson (2005), Wilkinson & Pickett (2009).
15 Über die Zusammenhänge zwischen Vertrauen und wirtschaftlicher Wachstumsgeschwindigkeit siehe Bjørnskov (2009).
16 World Bank (2005).
17 Corak (2013).

10. Bilanz

1 Camus (1942).

224 Seiten
ISBN 978-3-86489-192-2
€ 16,00
Auch als eBook erhältlich

Die besten kritischen Analysen zum politischen Geschehen

Das Jahrbuch der NachDenkSeiten fasst die wichtigsten politischen Themen des Jahres 2017 zusammen mit Nachrichten, Analysen und Hintergrundinformationen, die im Medienmainstream sonst nicht zu hören oder zu sehen sind. Das Jahrbuch soll anregen zum Nachdenken mit dem Ziel, dass immer mehr Bürgerinnen und Bürger immer weniger bereit sind, sich von skrupelloser Manipulation und willfähriger Meinungsmache bevormunden zu lassen.